LOS PRINCIPIOS DEL ÉXITO

CÓMO TRAZAR
EL CAMINO HACIA LA
EXCELENCIA, EL PROPÓSITO
Y LA INFLUENCIA

DR. MYLES MUNROE

WHITAKER HOUSE
Español

Nota del editor: este libro fue desarrollado a partir del amplio archivo de enseñanzas del Dr. Myles Munroe y aprobado por Munroe Global, Inc. y Munroe Group of Companies Ltd.

LOS PRINCIPIOS DEL ÉXITO
Cómo trazar el camino hacia la excelencia, el propósito y la influencia
Publicado originalmente en inglés bajo el título
The Principles and Power of Success: Charting the Path to Purpose, Excellence, and Influence

Munroe Global
P.O. Box N9583, Nassau, Bahamas
office@munroeglobal.com
www.munroeglobal.com

Traducción al español por
Renacer1 Corp

ISBN: 979-8-88769-465-8
eBook ISBN: 979-8-88769-466-5
Impreso en los Estados Unidos de América

Whitaker House
1030 Hunt Valley Circle
New Kensington, PA 15068
www.espanolwh.com

Por favor envíe sugerencias sobre este libro a: comentarios@whitakerhouse.com.

1 2 3 4 5 6 7 8 9 10 11 32 31 30 29 28 27 26 25

CONTENIDO

PARTE UNO

EL PROPÓSITO Y EL DISEÑO DEL ÉXITO

1

FUISTE DISEÑADO PARA TENER ÉXITO

"El éxito es conocer tu propósito en la vida,
crecer para alcanzar tu máximo potencial y sembrar
semillas que beneficien a otros".
—John C. Maxwell[1]

Todo el mundo quiere tener éxito. Nunca he conocido a alguien que haya planeado fracasar. Estoy convencido de que cada ser humano en esta tierra —sin importar en qué parte del mundo viva, de qué familia provenga, cuál sea su trasfondo, raza o nacionalidad— desea triunfar. Y no creo que sea solo por querer ser feliz, tener comodidades o sentirse respetado por los demás. Creo que es porque todos, en lo más profundo, fuimos diseñados para tener éxito. No fuimos creados para vagar sin

1. J. Maxwell, (agosto 9, 2022). Overcoming the Leadership Development Myths We Tell Ourselves About Success. *Maxwell Leadership*. https://www.maxwellleadership.com/blog/success-myths/.

rumbo por la vida, ni para fracasar en nuestro trabajo, nuestros negocios, nuestras relaciones, sueños o proyectos.

¿QUÉ ES EL ÉXITO?

Aunque todos deseamos tener éxito, muchas veces nos cuesta definirlo con claridad. Cada persona puede tener una idea distinta de lo que significa el éxito. Para algunos, puede tratarse de prosperidad financiera; para otros, tener popularidad, una familia amorosa o buena salud; y para otros más, superar un desafío particular o simplemente sobrevivir en este mundo. La mayoría de estos pueden ser deseos legítimos en la vida, y el éxito puede estar relacionado con ellos. Sin embargo, ¿realmente definen lo que significa el éxito para nosotros como seres humanos?

Déjame proponerte esto: si cada persona fue diseñada para tener éxito, entonces, si queremos lograrlo, primero tenemos que entender con claridad qué significa. Necesitamos tener un criterio preciso para definir el éxito. De lo contrario, ¿cómo sabremos si realmente lo hemos alcanzado? Así que vayamos aún más profundo y formulemos esta pregunta:

¿Existe una definición de éxito que aplique a todos los seres humanos, sin importar su ubicación geográfica, origen, género, edad o circunstancias?

Creo que la respuesta es sí. Aunque el éxito es personal e individual para cada uno de nosotros, hay una forma específica de medirlo que se aplica a todos por igual. Al final, lo que define el éxito para cada ser humano en este planeta (y lo que explicaré a lo largo de este libro) es cumplir el propósito por el cual fuiste puesto en esta tierra.

Todo en nuestra vida, incluyendo nuestro potencial para triunfar, está relacionado con nuestro propósito personal. Lo más significativo es que seguir ese propósito inevitablemente nos lleva al éxito. No importa quién seas: dentro de ti ya tienes el poder para tener éxito. El éxito es cumplir con el propósito por el cual fuiste puesto en esta tierra.

Quizás ya te consideras exitoso en tu área profesional (como los negocios, el derecho o la educación), pero quieres aprender principios adicionales para llevar tu éxito a un nuevo nivel. Tal vez te sientes exitoso en un aspecto de tu vida, pero anhelas saber cómo lograrlo en otros también. O puede ser que nunca te hayas sentido verdaderamente exitoso, y deseas aprender los fundamentos para alcanzar prosperidad y realización. Los principios de este libro aplican por igual a cada una de estas situaciones. Son verdades que puedes aplicar continuamente y que te harán crecer a lo largo de toda tu vida.

El éxito es cumplir con el propósito por el cual fuiste puesto en esta tierra.

MIDIENDO EL ÉXITO

¿DE QUÉ MANERA DEBERÍAMOS MEDIR NUESTRO ÉXITO MIENTRAS SEGUIMOS NUESTRO PROPÓSITO PERSONAL?

Primero, el éxito es lo que has hecho en comparación con lo que fuiste diseñado para hacer. Medimos nuestro éxito según nuestro llamado y habilidades individuales. Imagina un ave que fue creada para volar, pero que nunca ha volado porque jamás hizo el esfuerzo de intentarlo. Esa ave ha fallado en cumplir su propósito. Sin embargo, si extiende sus alas y vuela, porque es su naturaleza hacerlo, entonces tiene éxito: está cumpliendo aquello para lo cual fue hecha. El éxito, en primer lugar, es descubrir lo que naciste para hacer, lo que fuiste destinado a lograr, y lo que deberías estar haciendo de acuerdo con los dones que llevas dentro. Muchas personas aún no han descubierto lo que nacieron para hacer. Si hasta ahora no hemos estado cumpliendo nuestro propósito, puede que hayamos fallado en alcanzar el éxito... pero yo creo que el fracaso es simplemente el éxito pospuesto. Podemos comenzar a volar con nuestros dones, sin importar nuestro pasado.

SEGUNDO, EL ÉXITO SIGNIFICA DEJAR DE COMPETIR CON LOS DEMÁS Y ENFOCARTE EN DESARROLLAR TU DON, O TU "ASIGNACIÓN", EN ESTE MUNDO.

Es fácil medir nuestro éxito en comparación con lo que otros están haciendo. Pero el éxito no se trata de lo que hemos hecho frente a lo que otros han hecho. Eso se llama competencia. Siempre encontraremos a alguien que parezca haber logrado más que nosotros; o menos que nosotros. Siempre veremos a alguien cuyas habilidades parecen estar más desarrolladas que las nuestras; o menos desarrolladas. Pero como cada persona tiene un propósito personal, en realidad es imposible compararnos con nadie más.

Una vez, cuando era niño, me sentí muy emocionado porque obtuve la calificación más alta de mi clase en un examen. El único problema era que mi nota fue un 48. Eso significaba que todos los demás obtuvieron menos de 48. Cuando le mostré la prueba a mi mamá, me dijo:

—¿Sacaste el primer lugar con un 48? ¿Fue 48 sobre cuánto?

Aunque tenía la mejor nota de la clase, había reprobado el examen, porque la respuesta a esa pregunta era: "48 sobre 100". Según los criterios del evaluador, aunque obtuve el puntaje más alto, no demostré que comprendía el material; de hecho, demostré que no lo había entendido bien. Puede que los estudiantes no siempre saquen el 100 % en todos sus exámenes escolares, pero en este contexto el éxito puede definirse como haber cumplido con el propósito original para el cual se dio la prueba.

¿Con qué criterio estás evaluando tu propio éxito? El éxito no se trata de ganarle a alguien más en una carrera. Tal vez has sentido que estás "sobreviviendo" en comparación con otros, pero... ¿sabes cómo estás en relación con tu asignación o propósito personal en la vida? ¿Y cómo se determina eso? En los próximos capítulos, vamos a explorar cómo descubrir y vivir de verdad nuestro propósito y nuestros dones.

SIRVE CON TU DON

Tener éxito significa hacer todo lo posible para desarrollar aquello para lo que fuiste creado. No tienes que preocuparte por alcanzar el éxito, si sirves con tu don, tendrás éxito.

En este libro voy a explicarte exactamente qué quiero decir con "servir con tu don". Enseño verdades y principios prácticos que he aprendido a lo largo de cuarenta y cinco años, desde que era un adolescente viviendo en la pobreza y comenzaba a descubrir mi verdadero potencial. Mi propósito es darte el conocimiento y los principios necesarios para alcanzar el desarrollo personal que conduce al éxito. Quiero ayudarte a cumplir tus metas y aspiraciones, y a realizar el plan que hay para tu vida.

Hoy en día tenemos acceso a muchísima información, pero eso no significa que esa información transforme nuestra vida. Aprendemos muchas cosas en el transcurso de un día, una semana, un mes o un año, que no nos ayudan realmente a crecer o prosperar. Si queremos tener éxito, necesitamos aprender lo que de verdad es necesario. Tenemos que comprender principios que nos preparen y nos posicionen para desarrollarnos personalmente, lo cual nos dará la confianza y la capacidad para cumplir nuestras metas y planes.

No tienes que preocuparte por alcanzar el éxito, si sirves con tu don, tendrás éxito.

Lo que presento aquí puede transformarte en una persona distinta. Al aprender qué significa tener éxito, podrías encontrarte contigo mismo por primera vez. Incluso podrías rendirte ante ti mismo si llevas años evitando escuchar lo que tu interior ha estado tratando de decirte.

Mientras exploramos qué significa tener éxito y cómo se relaciona esto con nuestro propósito, es fundamental que reflexionemos sobre las cinco preguntas más importantes de la vida. Preguntas que toda persona debe considerar. Estas preguntas son la base de nuestro éxito.

2

LAS CINCO PREGUNTAS MÁS IMPORTANTES DE LA VIDA

"Ser lo que somos, y convertirnos en lo que somos capaces de llegar a ser, es el único propósito de la vida".
—Robert Louis Stevenson[2]

Toda la experiencia humana puede resumirse en cinco preguntas. Estas son las preguntas fundamentales de nuestra existencia, y en ellas se condensa todo lo que somos como seres humanos. Son tan poderosas que gobiernan nuestras acciones y motivaciones. Todo lo que hacemos en esta tierra está influenciado por ellas. Cada problema que enfrentamos en la vida tiene relación con estas preguntas. Nuestra forma de intentar responderlas influye directamente en nuestro comportamiento, sea este positivo o negativo. Cuando las personas responden estas preguntas de forma equivocada o destructiva, esa es la raíz de todos los problemas, tanto a nivel personal como colectivo, en nuestra sociedad y

2. R. L. Stevenson, *Familiar Studies of Men and Books* (Charles Scribner's Sons 1902), p. 167. Con esta afirmación, Stevenson resume algunas de las opiniones de Henry David Thoreau.

cultura: la fuente de los crímenes, la corrupción, los hogares destruidos, la pobreza, las guerras y mucho más.

Tal vez ya hayas escuchado estas preguntas en otros contextos, pero si realmente quieres tener éxito en la vida, necesitas responderlas por ti mismo. En algún momento, casi todo ser humano se ha planteado al menos una o más de estas cinco grandes interrogantes. Probablemente estás leyendo este libro porque tú también te has hecho una o varias de ellas. A lo largo de los siguientes capítulos vamos a explorar principios que te ayudarán a responderlas.

1. "¿QUIÉN SOY?"

Esta es una pregunta difícil. Muchas personas nunca se la han hecho, o si lo han hecho, nunca la han respondido. A algunos les resulta abrumadora; otros incluso le tienen miedo. La pregunta "¿Quién soy?" tiene que ver con identidad. Y lo cierto es que muchos de nosotros aún estamos luchando con eso. Por eso es que, en cierto sentido, la mayoría de nosotros somos "otras personas".

¿A qué me refiero? A que cuando no tenemos una identidad clara solemos adoptar el estilo de vida de otros para tratar de imitar la forma en que se presentan. Por ejemplo, no "nos vestimos a nosotros mismos"; en lugar de eso, usamos ropa con las marcas de diseñadores de moda o deportistas famosos. Esas etiquetas reflejan a personas conocidas. Si no tenemos un sentido firme de quiénes somos, queremos parecernos a ellos. Nos ponemos la identidad de otros para sentirnos valiosos. De hecho, gran parte de la industria de la moda se basa en la falta de identidad personal. Se alimenta de esa necesidad vendiéndonos imágenes ajenas.

Algunas personas se unen a organizaciones o incluso a pandillas adoptando la cultura de ese grupo porque están tratando de encontrar su identidad. No hay nada de malo en querer tener una buena apariencia, ni en buscar una comunidad sana a la cual pertenecer. Pero una señal de que estamos luchando con nuestra identidad y que hemos perdido nuestro yo auténtico es que empezamos a vernos o actuar como otros, y terminamos siendo alguien distinto a quien realmente somos. Lo mismo sucede con nuestras vocaciones. Si no tenemos una identidad firme, es posible que elijamos una carrera o un trabajo solo porque otros lo esperan de nosotros: tal vez creemos que nuestra familia quiere que sigamos cierto camino, o un orientador vocacional nos dijo que ese era el campo con más oportunidades, o simplemente seguimos a nuestros amigos. Lo que no entendemos es que, al tratar de ser como otros, al imitar sus caminos o vivir para agradarlos, en realidad nos estamos haciendo daño porque estamos negando nuestro verdadero llamado y nuestra identidad innata.

2. "¿DE DÓNDE VENGO?"

Me atrevería a decir que el 99 % de la población mundial nunca ha respondido realmente esta pregunta. La mayoría piensa en términos geográficos: "Soy del Caribe", "Soy de Brasil", "Soy de Suecia" o "Soy de Estados Unidos". Pero esta pregunta no tiene nada que ver con nacionalidad ni ubicación. Se trata de otra cosa completamente distinta: el origen del ser humano. La respuesta está relacionada con la fuente última de nuestra existencia. Y aquí hay un problema: no puedes saber quién eres (Pregunta 1) si no descubres de dónde vienes (Pregunta 2). Y tampoco puedes saber de dónde vienes si no sabes quién eres. Estas dos preguntas están profundamente conectadas.

> *Si no sabes de dónde vienes, y no sabes quién eres,*
> *nunca sabrás por qué estás aquí.*

3. "¿POR QUÉ ESTOY AQUÍ?"

Quizás esta sea la pregunta más difícil para la mayoría de las personas. ¿Por qué nací? ¿Por qué llegué a este mundo? ¿Cuál es el propósito de mi existencia en este planeta? Esta pregunta está directamente ligada al tema del propósito. Y también está entrelazada con las preguntas 1 y 2. Porque si no sabes de dónde vienes, y no sabes quién eres, nunca sabrás por qué estás aquí.

4. "¿QUÉ SOY CAPAZ DE HACER?"

Podríamos reformularla así: "¿Cuál es mi potencial?". Esta pregunta nos lleva a evaluar nuestra verdadera capacidad y poder. ¿Qué soy capaz de lograr en esta vida? ¿Cuál es mi verdadero alcance?

Creo que la mayoría de las personas vive por debajo de su potencial. De hecho, por eso sucede que si alguien se esfuerza un poco más que el promedio, los demás lo llaman "genio". ¡Así de bajos se han vuelto algunos estándares en nuestra cultura! El problema es que la sociedad constantemente trata de decirnos lo que sí y lo que no podemos hacer. Por ejemplo, he visto que el sistema educativo, aunque valioso en muchos aspectos, puede convertirse en uno de los mayores obstáculos para que descubramos nuestro propósito, especialmente si intenta medir nuestro potencial únicamente por nuestras notas. Puedes tener un mal día, sacar una "C" y ya quedar etiquetado como "promedio". Pero eso no refleja tu verdadero valor. Muchas personas exitosas —como Bill Gates, cofundador de Microsoft— nunca terminaron la universidad. Su visión era tan grande que el currículo estándar no podía contenerla ni medirla.

La verdad es que el sistema educativo no tiene las herramientas para medir cuánto sabes ni el potencial que llevas dentro. Por eso no confío totalmente en ningún sistema humano para definir el valor de una persona. Tal vez aún estés viviendo bajo la sombra de un examen que tomaste hace veinte años. Tal vez alguien te dijo que no eras creativo o que no servías para las matemáticas... y tú le creíste. A lo mejor hasta el día de hoy evitas usar una calculadora por miedo.

En el primer siglo, Pablo de Tarso dijo algo poderoso: "Sea Dios veraz, y todo hombre mentiroso".[3] Por eso no debemos depender completamente de la opinión que otros tengan sobre nuestras capacidades.

---

3. Ver Romanos 3:4.

Lo que los demás piensan de ti no debe definir cómo te ves a ti mismo ni lo que crees que puedes lograr.

Déjame decirte algo: tú eres inteligente. Y nadie puede medir por completo tu inteligencia. No creas los comentarios limitantes que otros te han dicho sobre ti. Todos tenemos dones y habilidades únicas. Eres más capaz de lo que imaginas. No te rindas contigo mismo.

Yo no dejo que mi vida esté gobernada por si la gente me aprueba o no. No permito que mi cultura ni mi país definan mi valor. Nadie tiene el derecho de ponerle precio a tu vida. ¿Por qué? Porque he llegado a entender mi propósito, y me agrado a mí mismo antes de que otros me conozcan. Apruebo los dones que he descubierto en mi interior. Como explicaré más adelante, esa fue una de las mayores revelaciones de mi vida. Y nadie puede quitarme eso. Esto es algo que tú también necesitas comprender. No dejes que otros te digan quién eres ni lo que puedes hacer.

5. "¿HACIA DÓNDE VOY?"

Esta es una pregunta sobre destino. ¿Cuál es mi meta? ¿Cómo sabré cuándo he llegado? ¿Hacia dónde me dirijo ahora y en el futuro?

Esta pregunta también será parte del recorrido que haremos juntos en este libro, porque las respuestas combinadas a estas cinco preguntas forman el marco para alcanzar el éxito en todas las áreas de la vida.

AVANZANDO EN LA DIRECCIÓN CORRECTA

El éxito no es una meta que se persigue, es el resultado de cumplir con tu propósito en la vida: descubrir quién eres, de dónde vienes, por qué estás aquí, qué puedes hacer y hacia dónde vas. Aunque el éxito no es algo que se busca como tal, sí es un camino. Y es un camino que recorrerás toda tu vida, porque tu propósito es un regalo de por vida. No puedes ser despedido ni separado de tu propósito, y tu don no tiene cláusula de jubilación. A lo largo de tu vida experimentarás el éxito en diferentes etapas mientras avanzas hacia el cumplimiento de tu propósito final.

Por eso, el éxito tiene más que ver con avanzar en la dirección correcta que con llegar a un destino. En realidad, es un proceso más que una meta final. Cuando entiendes que el éxito está en el proceso que vives para cumplir tu propósito, entonces puedes considerarte una persona plena. Has cumplido tu asignación en la tierra. Eres un éxito.

3

CÓMO DESCUBRIR TU DON INNATO

"Puede que llegues hasta la cima de la escalera... y luego descubras que estaba apoyada en la pared equivocada".
—Allen Raine[4]

Ya hemos visto que el éxito significa descubrir aquello para lo cual fuiste diseñado, lo que naciste para hacer, lo que estabas destinado a cumplir. A muchas personas, al comenzar su vida adulta, básicamente se les dice que deben estudiar, adquirir ciertas habilidades y conseguir un buen empleo para poder pagar sus cuentas. Luego se espera que repitan ese ciclo (trabajar y recibir un salario) durante cuarenta o cincuenta años, hasta que mueran. Incluso si forman una familia o hacen algún aporte a su comunidad durante ese tiempo, se les presenta esa rutina como la realidad inevitable de su existencia.

4. Atribuido a Allen Raine, *The Brooklyn Daily Eagle* (1915). Véase *QuoteResearch*, "Origen de la cita: *As you climb the ladder of success, be sure it's leaning against the right building*", *Quote Investigator*, 17 de agosto de 2017, https://quoteinvestigator.com/2017/08/17/ladder/.

Lamentablemente, muchas personas están viviendo ese tipo de vida: un ciclo en el que se sienten atrapadas y vacías. Tal vez tú seas una de ellas. Claro que necesitamos pagar nuestras cuentas, pero no fuimos creados solamente para trabajar y pagar facturas. Nuestra vida está diseñada para mucho más que eso. Está destinada a darnos realización personal y a traer beneficio a la vida de otros. Y cuando vivimos de acuerdo con nuestro llamado, ese será el medio a través del cual llegará también nuestra prosperidad.

Otras personas han recibido el mensaje de que su meta en la vida debe ser alcanzar ciertas "señales externas de éxito", como ropa costosa o autos lujosos. Pero, tristemente, el don de muchas de esas personas está dormido dentro de ellas, esperando salir a la luz.

Una trompeta es exitosa cuando un músico sopla a través de ella y produce notas musicales. Si la trompeta está solo en exhibición en tu casa, no se puede decir que ha sido exitosa. Puede estar pulida y brillante, pero está fallando en su propósito. Porque una trompeta no fue creada para ser decorativa, sino para hacer música.

Lo mismo sucede con un piano que permanece en silencio durante treinta años. Aunque sea hermoso y haga que tu casa luzca elegante, si nunca se toca, no está cumpliendo su propósito. Fue creado para producir melodía, no solo para decorar.

¿Cuántas personas viven así, es decir, pulidas por fuera, pero sin cumplir su verdadero propósito? Es el propósito el que determina el éxito. Así que si alguien viste con ropa cara, pero no hace lo que nació para hacer, es simplemente un fracaso bien vestido. Y si alguien conduce un auto nuevo con todos los lujos, pero no ejerce sus dones, no es más que un fracaso bien equipado.

La vida no se trata de cuán costosa es nuestra ropa o nuestro auto. Lo que realmente importa es si estamos haciendo aquello para lo cual fuimos creados. Cuando vivimos así, podemos experimentar una verdadera prosperidad y al mismo tiempo bendecir al mundo con nuestras contribuciones. Y esa misión solo se descubre reconociendo nuestro don innato.

PRINCIPIOS DEL POTENCIAL

Cada persona tiene uno, o quizás dos dones principales. Para vivir una vida exitosa y cumplir con el propósito para el cual nacimos, debemos descubrir ese don primario y aprender a desarrollarlo y ponerlo en acción. A medida que lo hacemos, podemos animarnos con estos principios:

- El don con el que naciste es más importante que las habilidades que tienes. No nacemos con habilidades, tenemos que aprenderlas. Por eso hay algo superior a las habilidades: tu don innato.
- Nunca puedes perder aquello con lo que naciste. Tu don siempre estará contigo. Durará más que tus habilidades y te acompañará a lo largo de todo tu camino.
- Tu futuro no está delante de ti, está dentro de ti. Porque naciste con un don, una "semilla", la clave de tu vida está en descubrir, desarrollar y ofrecer esa semilla-don al mundo. El don ya está ahí, solo necesitas buscarlo dentro de ti.

CÓMO IDENTIFICAR TU DON PRINCIPAL

¿Cómo puedes saber para qué naciste? ¿Cómo puedes reconocer aquello que te permitirá vivir en prosperidad? Puedes comenzar respondiendo las siguientes preguntas clave. Después de hacerlo, reflexiona sobre tus respuestas y observa los temas o patrones que se repiten. Al hacerlo, podrás descubrir cuál es tu don principal.

1. "¿CUÁL ES MI MAYOR DESEO?"

¿Qué te imaginas haciendo? ¿Qué sueñas lograr en la vida? ¿Qué es eso que más deseas, por encima de todo? El problema de muchas personas es que han envejecido en su manera de pensar. ¿Recuerdas cómo eras cuando eras niño? ¿Creías que podías convertirte en lo que soñabas? ¿Imaginabas libremente? Tal vez, cuando expresabas esos sueños, alguien te dijo "deja de fantasear" o "no seas tan irrealista". Esas voces eran asesinas de sueños. Y a veces venían de tus propios familiares: "Ve a la escuela y consigue un buen trabajo. No estudies lo que te gusta, estudia lo que te dé dinero".

Déjame sugerirte algo: lo que eres en esencia muchas veces está ligado a eso que imaginaste primero que podrías ser o hacer. Esa puede ser la razón por la cual estás frustrado ahora. No te gusta el trabajo que tienes. Odias los lunes por la mañana porque estás haciendo algo que no refleja quién eres realmente. Tus sueños han sido apagados. ¿Has escuchado a alguien decir: "Este trabajo me está matando"? Tal vez es cierto. El estrés de ese trabajo les está causando enfermedades como presión alta. Simplemente no fueron diseñados para soportar ese tipo de vida. Pero cuando encuentras tu don y lo sigues, eso te llena de vida.

Hace dos mil años, Jesús de Nazaret dijo: *Les aseguro que a menos que ustedes cambien y se vuelvan como niños, no entrarán en el reino de los cielos.*[5] Si te cuesta encontrar tu propósito, puede ser que hayas "madurado" demasiado. Por eso estás con problemas para pagar la hipoteca o saldar tus cuentas. Puede que te hayas convertido exactamente en lo que otros dijeron que debías ser, y tus sueños hayan sido enterrados. Tal vez estás ganándote la vida, pero no estás dejando huella. Estás sobreviviendo, pero no estás impactando el mundo.

*Cuando encuentras tu don y lo sigues,
eso te llena de vida.*

Entonces, vuelve y recupera ese sueño de tu infancia. Me gustaría saber: ¿quién eres realmente en tu interior, gritando por salir, atado por una mentalidad limitante que aprendiste de tu cultura o de tu familia? Y

5. Mateo 18:3.

si no recuerdas tus sueños de niño, entonces mira dentro de tu corazón y observa los que tienes hoy. Eso es quien eres.

2. "¿QUÉ DESEO PARA LA HUMANIDAD?"

¿Alguna vez has dicho "¿por qué nadie hace ______________?" o "me gustaría que alguien inventara ______________"? Puede que ese sea tu destino llamándote. Otra manera de verlo es esta: aquello de lo que te quejas, ¡puede ser justo lo que naciste para ayudar a solucionar!

3. "¿CUÁL ES MI PASIÓN MÁS PROFUNDA?"

Tienes que descubrir qué es aquello que te apasiona de verdad. Cuando algo te apasiona, quieres estar involucrado, quieres hacerlo constantemente. Esa es una buena señal de cuál puede ser tu don.

4. "¿CUÁLES SON MIS HABILIDADES NATURALES?"

¿Qué talentos y capacidades evidentes tienes? ¿En qué eres bueno? ¿Qué disfrutas hacer sinceramente? ¿Qué te dicen los demás que haces bien o que se te da naturalmente?

5. "¿EN QUÉ PIENSO CUANDO ESTOY SOLO?"

Normalmente es en los momentos de silencio y soledad cuando tu don empieza a "hablarte" y a revelarse. Si no logras identificar tu don, puede que sea porque nunca te das el espacio para estar en silencio. Estás constantemente rodeado de gente, televisión, música, redes sociales, Internet... y eso no te permite pensar ni escucharte. Tu don no lo vas a encontrar entre tus amigos, aunque amigos de confianza pueden ayudarte a confirmar lo que ya percibes en tu interior. Muchas personas en la historia descubrieron su don estando a solas. Moisés, según el relato bíblico, estaba cuidando ovejas en el desierto cuando recibió su llamado.[6] El profeta Elías, por su parte, lo oyó mientras estaba en una cueva en silencio.[7]

---

6. Ver Éxodo 3.
7. Ver 1 Reyes 19:1-18.

La mayoría de nosotros vivimos vidas demasiado ruidosas. Aparta tiempo para estar solo y escuchar tu corazón. ¿Dónde puedes oír esa voz interior? ¿Hace cuánto no sales a caminar solo? O encuentra otro espacio donde puedas estar en silencio. Algunas de mis mayores revelaciones me han llegado en la ducha. Sin música, sin radio, sin televisión (por cierto, ten cuidado con ciertos programas de radio o televisión que podrían convencerte de que no sigas tu don. Apágalos. Te roban tu destino y no resuelven nada).

> *Tu prosperidad está, donde está tu don.*

6. "¿QUÉ HARÍA AUNQUE NO ME PAGARAN POR HACERLO?"

Aquello para lo que naciste es algo que harías con alegría aunque no te pagaran. Las personas que transforman el mundo no lo hacen solo por dinero, lo hacen porque aman lo que hacen y lo viven con pasión.

A veces me dicen:

—Dr. Munroe, quiero hacer lo que usted hace. Quiero enseñar y hablar en público.

Y yo les digo:

—Está bien, ¿por qué no comienzas enseñando a niños voluntariamente?

Y me responden:

—No, no, no. Yo quiero hablar en conferencias.

Entonces les doy la clave: practica con niños. ¿Por qué? Porque ellos te dicen de inmediato si te equivocas. Muchos quieren comenzar cobrando por su don. Yo empecé como voluntario enseñando en la escuela dominical. Di conferencias durante años sin cobrar un centavo. En ese tiempo, mi enfoque era perfeccionar mi don.

Si quieres tener éxito, ofrece tu don de manera gratuita. Haz voluntariado. Así crecerás y te volverás excelente. Y llegará el día en que te pagarán por hacer lo que amas. Tu prosperidad está, donde está tu don.

Recuerdo hablar con una persona de nuestro equipo de informática. Le pregunté cuánto tiempo llevaba trabajando con nosotros. Me dijo que unos cinco o seis años, pero luego agregó: "Los cinco años anteriores trabajé aquí como voluntaria. Hasta que un día me dijeron: 'Sabes lo que estás haciendo. ¿Por qué no te unes al equipo de planta?'".

Hoy es una de las líderes del departamento. Sirve tu don en cada oportunidad. Eso es lo que yo he hecho. Cuanto más lo sirves, más valor le agregas. Y llegará el momento en que alguien te diga:

"¿Sabes qué? Me encanta lo que estás haciendo. Vamos a financiar tu proyecto por los próximos diez años". Esa persona ha estado observándote. El voluntariado puede ser una vía poderosa hacia el éxito y la prosperidad. Levanta la mano y sirve.

Sirve tu don en cada oportunidad.

7. "¿QUÉ HARÍA INCLUSO SI ME COSTARA UN SACRIFICIO PERSONAL?"

Cuando una persona encuentra su don, suele estar dispuesta a sacrificarse incluso económicamente para invertir en esa idea y convertirla en realidad. Cuando mi esposa y yo comenzamos nuestra organización, teníamos muy poco. Compartíamos un solo carro. Vivíamos con mi suegra en una sola habitación. No teníamos dinero para desperdiciar.

¿Tienes demasiado orgullo como para vivir con sencillez mientras ahorras e inviertes en tu sueño? Hay quienes estarían dispuestos a morir por lo que creen. Y esa determinación es lo que los hace tan poderosos. Muchos de los que han tenido éxito han tenido que sacrificar comodidad, porque creían más en su idea que en su propia seguridad. No estoy diciendo que debas ser irresponsable financieramente ni dejar de proveer para tu familia. En un capítulo posterior hablaremos sobre cómo pasar de un trabajo a tu verdadera vocación. Por ahora, la pregunta es: ¿qué estás dispuesto a sacrificar para ofrecer tu don al mundo?

8. "¿QUÉ ES LO QUE ME ENOJA PROFUNDAMENTE?"

Lo que te hace enojar puede ser una señal de lo que naciste para cambiar. Por ejemplo, si ver a jóvenes sin rumbo viviendo en las calles te indigna, es probable que tu don tenga algo que ver con ayudarlos. Si te molesta la falta de cuidado hacia los ancianos, tal vez estás llamado a servirles. Si te irrita la ausencia de ciertos productos o servicios en tu comunidad, quizás tú naciste para proveerlos.

Mi enojo ante la opresión en los países del tercer mundo fue lo que me llevó a descubrir mi don. Esa rabia moldeó lo que soy hoy y me impulsó a crear organizaciones que enfrentan este problema. Odio la opresión, ya sea contra negros, blancos, asiáticos o latinos. Vi lo que el colonialismo hizo en nuestra mentalidad, y me dije: "Realmente lo detesto". Por eso mi pasión es transformar seguidores en líderes. ¿Por qué? Porque todos nacimos para liderar, pero los poderes coloniales convencieron a los pueblos del tercer mundo de que "nacieron para ser esclavos".

Muchas personas exitosas fueron motivadas por la indignación. Teresa de Calcuta enseñaba en una escuela de la India y vio la pobreza y la enfermedad. Eso la impactó tanto que decidió ayudar a "los más pobres entre los pobres" y fundó las Misioneras de la Caridad. Su trabajo fue reconocido mundialmente y recibió el Premio Nobel de la Paz.

¿Qué es lo que a ti te indigna? Si aún no encuentras tu don, puede que no estés lo suficientemente enojado. Nunca cambiarás aquello que toleras. Tienes que llegar al punto en que digas: "¡No aguanto más!", y entonces decidas hacer algo al respecto. Así que, para descubrir tu don, busca eso que te sacude por dentro.

9. "¿QUÉ DESEARÍA PODER CAMBIAR EN MI PAÍS?"

Esta pregunta es parecida a la anterior, pero no es lo mismo. Si todo el tiempo piensas: "Esto en mi país debería cambiar", probablemente naciste para contribuir a esa transformación. Nelson Mandela se dedicó a cambiar su nación luchando contra el *apartheid*. Estuvo preso 28 años por defender esa causa. Al salir siguió luchando por la igualdad racial y se convirtió en presidente de Sudáfrica. Tal vez tus pasiones y tus dones te llevarán a trabajar por reformas en tu comunidad o en tu nación.

10. "¿QUÉ HARÍA SI TUVIERA DINERO Y RECURSOS ILIMITADOS?"

¿Qué proyecto emprenderías si tuvieras todo el dinero que necesitas? ¿En qué producto, servicio o causa invertirías tu vida? La respuesta a esa pregunta te revelará para qué naciste.

Y déjame decirte algo: si perfeccionas tu don, documentas tu idea y comienzas a desarrollarla, el dinero aparecerá. Porque alguien más nació para financiar tu sueño. El problema es que aún no puede invertir en ti porque tú no has comenzado a mostrar ni pulir tu don de una forma que pueda ser visible o presentable ante otros.

Hay un proverbio antiguo que dice:

> *La dádiva* [el don] *del hombre le abre camino Y lo lleva ante la presencia de los grandes.*[8]

Fuiste diseñado para que el mundo te conozca por tu don. Ahí es donde está tu éxito. Tienes que preguntarte: ¿Cuál es mi don? ¿Cuáles son mis asignaciones? ¿Cuál es mi razón de estar aquí?

LO ÚNICO QUE REALMENTE ES PARA TI

Espero que disfrutes explorar estas diez preguntas. Tal vez tengas que profundizar mucho para encontrar algunas respuestas, pero la búsqueda valdrá la pena. Quiero que descubras tu verdadero don en la vida. Me importas, y deseo que tengas éxito. No quiero que fracases. Sé que la vida puede ser dura, y por eso quiero ayudarte a entender los principios

8. Proverbios 18:16 (NBLA).

del éxito y a desarrollar una fortaleza interior que te permita enfrentar los desafíos.

> *La verdad que tú conoces es la que te hará libre.*

Tal vez llevas mucho tiempo esperando éxito y prosperidad. No tienes que vivir como mendigo. Eres una gran mujer o un gran hombre. Dentro de ti hay mucho más de lo que nadie ha visto aún. No estás terminado. Todavía estás en camino. Así que despierta y sacúdete el polvo. Encuentra tu don y síguelo. Serás libre de las mentiras que otros te han dicho sobre ti —o de las que tú mismo te has dicho— acerca de quién eres y de lo que puedes lograr. Si has estado siguiendo una carrera que te ha generado ingresos pero que, en el fondo, te deja vacío... o si deseas hacer algo que de verdad tenga sentido para ti, necesitas conocer la verdad sobre ti mismo. Porque la verdad que tú conoces es la que te hará libre.[9]

Muchas veces, para tomar una decisión que cambie nuestra vida necesitamos pasar por una secuencia de pensamientos, emociones y conclusiones. Hay una manera sencilla de representar ese proceso que ayuda a entender cómo funciona nuestra mente. Mira esta lista de frases. Empieza desde abajo y avanza hacia arriba. Así es como normalmente pensamos para llegar al éxito, desde el fondo hacia la cima:

- Lo logré.
- Lo haré.
- Puedo hacerlo.
- Creo que puedo hacerlo.
- Tal vez lo haga.
- Creo que tal vez lo hago.

9. Ver Juan 8:32.

- ¿Qué es eso?
- Ojalá pudiera hacerlo.
- No sé cómo hacerlo.
- No puedo hacerlo.
- No lo haré.

Estas frases son simples, pero encierran procesos mentales complejos. No sé en qué parte de esta escala te encuentras ahora. Pero espero que no estés al fondo diciendo: "No haré lo que sueño". Mi deseo es que llegues a decir: "Lo haré" y después: "Lo logré". La frase "Lo haré" está en el segundo puesto desde arriba, porque significa que estás comprometido, incluso dispuesto a dar la vida por aquello que estás persiguiendo. Pablo Picasso lo expresó así:

"La acción es la clave fundamental de todo éxito".[10]

Hasta que no encuentres tu verdadero llamado, nunca estarás satisfecho. Tu propósito es lo único que realmente es para ti. Quizás hayas escuchado esta frase:

> "El enemigo de lo correcto no es lo incorrecto. El enemigo de lo correcto es lo bueno".

Puede que tu vida parezca estar bien porque estás haciendo algo "bueno"... pero, ¿estás haciendo lo correcto? ¿Estás usando tu don para cumplir con tu propósito único? No podemos permitir que las cosas buenas nos distraigan. Puedes tener un buen trabajo o estar aportando algo positivo, pero eso no significa que hayas descubierto tu verdadero don. Cuando encuentras tu propósito y lo cumples, eso es el verdadero éxito.

---

10. Pablo Picasso, en *Pablo Picasso: Quotes*, Goodreads, s. f. Recuperado de https://www.goodreads.com/quotes/203655-action-is-the-foundational-key-to-all-success.

PARTE DOS

LAS LEYES DEL ÉXITO: FUNDAMENTOS

4

LAS LEYES DEL ÉXITO EN LA VIDA

PARTE 1: EL ÉXITO ES PREDECIBLE

"Alguien está sentado hoy bajo la sombra porque alguien plantó un árbol hace mucho tiempo".
—Warren Buffett[11]

Reconocer nuestro don innato es un primer paso poderoso, pero también necesitamos entender cómo activarlo. Y lo activamos poniendo en práctica las leyes del éxito en la vida. Si no seguimos estas leyes, no seremos capaces de cumplir nuestro verdadero propósito. Todo en la vida existe por leyes y conforme a leyes. Las leyes son el pegamento que mantiene unido al universo.

---

11. Warren Buffett, en *Warren Buffett: Quotes*, Goodreads, s. f. Recuperado de https://www.goodreads.com/author/quotes/756.Warren_Buffett.

NO ES MAGIA

Permíteme hacer una afirmación que puede parecer atrevida:

El éxito es predecible... y el fracaso también.

¿Por qué puedo decir eso? Porque, como mencioné antes, todo en la vida fue diseñado para funcionar de acuerdo con leyes, y nuestra respuesta a esas leyes, ya sea positiva o negativa, hace que la vida sea predecible. Puedes anticipar si una persona tendrá éxito o fracasará por la forma en que responde a la vida. Y cuando hablo de "diseño" no me refiero a los sistemas de una cultura o sociedad en particular, ni a leyes rituales. Me refiero a las leyes que están integradas en la vida misma. Por lo tanto, la manera en que te relacionas con la vida depende de las leyes que conoces y pones en práctica. Aprender y seguir estas leyes es el secreto del éxito y la prosperidad.

Muchas personas gastan millones de dólares en seminarios y libros sobre pensamiento positivo y "cómo tener éxito"... y aun así siguen sin dinero y sin propósito. ¿Por qué? Porque no han entendido que no puedes tener éxito usando las ideas de otra persona. Necesitas tener tu propia revelación de esas ideas. Tienen que hacerse tuyas. Nada es verdaderamente tuyo hasta que lo crees. De la misma manera, yo no puedo creer en las leyes del éxito por ti. Solo puedo animarte a hacerlas tuyas... y a actuar sobre ellas.

Una vez conocí a Warren Buffett, uno de los hombres más ricos del mundo. Él vive en Omaha, Nebraska, y yo estaba allí para hablar en una iglesia. Por casualidad nos encontramos en un restaurante mientras él entraba a comprar un helado, y fue increíblemente humilde. Cada vez que conozcas a alguien exitoso, hazle preguntas. Eso fue exactamente lo que hice con Warren Buffett. Y sus respuestas contenían la misma información sobre el éxito que yo había aprendido a lo largo de los años. Fue otra confirmación de que las leyes que había aprendido son universales y aplican a una gran variedad de preguntas, situaciones y contextos. Así que alcanzar el éxito y la prosperidad no tiene nada que ver con magia. Tiene que ver con entender tu propósito, descubrir tu don, y seguir las leyes de vida que ya están establecidas y comprobadas.

Yo no solo he aplicado estas leyes en mi propia vida, sino que también las he enseñado en todo el mundo. Funcionan en cualquier lugar, sin importar el trasfondo étnico, el contexto familiar o la cultura de una persona. Funcionan para cualquiera que las aprenda y las ponga en práctica. En esta sección sentaré las bases para que comprendas el propósito y significado de las leyes del éxito en la vida: su naturaleza y cómo funcionan. Así podrás aplicarlas eficazmente a los temas que desarrollaré en el resto del libro. Porque si no entendemos bien estas leyes, no vamos a valorar su importancia ni las ejercitaremos de la forma correcta.

Luego, en la siguiente sección, empezaremos a aplicarlas de manera práctica: aprenderemos lo que significa tener un trabajo verdadero (y no solo un empleo), y veremos principios clave para prosperar y sobresalir en nuestra vocación.

Así que comencemos observando los principios que aclaran, paso a paso, todo lo que acabo de explicarte sobre las leyes, para que puedan establecerse como base sólida para tu éxito en la vida. Las leyes del éxito funcionan para cualquiera que las aprenda y las ponga en práctica.

Las leyes del éxito funcionan para cualquiera que las aprenda y las ponga en práctica.

PRINCIPIOS DEL ÉXITO Y LA PROSPERIDAD

1. TODO EN LA VIDA FUE DISEÑADO PARA TENER ÉXITO

No siempre entendí este principio porque, como mencioné antes, nací en un entorno de bajos recursos. Me enseñaron que simplemente había que sobrevivir, y desarrollé una mentalidad de supervivencia.

Pero una mentalidad de supervivencia siempre será una mentalidad de pobreza, porque con ese enfoque no crees que mereces prosperar. Incluso puedes llegar a tenerle miedo al éxito. Muchas personas son pobres porque le temen a la riqueza. Están mentalmente convencidas de que no merecen prosperar. En realidad, le temen a lo que desean. Y todo lo que temes, se aleja de ti. Repeles aquello que rechazas.

Para superar esta mentalidad, tuve que descubrir la ley inherente de que todo en la creación fue diseñado para tener éxito.

Ese fue un cambio de paradigma para mí, porque implicaba rechazar la mentalidad con la que fui criado y las bajas expectativas que la sociedad tenía para mí. Incluso tuve que convencerme de que todo ser humano desea tener éxito. Tienes que reconocer que ese deseo o hambre en tu interior por triunfar es algo natural.

Ahora bien, eso hace que la vida sea muy difícil para muchas personas, ¿verdad? Es justamente la fuente de su depresión. Desean tener éxito, pero no saben cómo llegar allí. Entonces, aunque odian dónde están, se sienten atrapadas. El primer paso para abordar esa hambre es afirmar que fuiste diseñado para tener éxito. La clave está en transformar tu manera de pensar. El éxito no llega hasta que tu mentalidad cambia.

2. TODO EN LA VIDA FUE DISEÑADO PARA FUNCIONAR SEGÚN LEYES

La razón por la que todo en la tierra tiene leyes es porque todo fue creado para tener éxito, y las leyes facilitan ese éxito. Estamos en gran desventaja si no hacemos el esfuerzo de conocerlas y vivir de acuerdo con ellas.

3. LAS LEYES HACEN QUE LA VIDA SEA PREDECIBLE

Muchas veces las personas fracasan porque piensan que el éxito depende de la suerte, y la suerte es impredecible. Pero las leyes de la vida hacen que los resultados de la vida sean predecibles. Tú eres demasiado valioso como para vivir por azar. Tu vida no es un juego. El lugar donde estás ahora es el resultado de las leyes que has aplicado (o que no has aplicado), ya sea por ignorancia o por desobediencia.

4. EL ÉXITO ES PREDECIBLE

Como escribí al principio de este capítulo, el éxito es predecible porque es controlable en este sentido: está relacionado con las leyes de la vida. Podemos pasar por desafíos y contratiempos, pero si seguimos obedeciendo las leyes, superaremos las dificultades y saldremos adelante.

5. EL FRACASO TAMBIÉN ES PREDECIBLE

Y si ignoramos o desobedecemos las leyes de la vida, podemos predecir nuestro propio fracaso. Por ejemplo, si arranco una planta joven del suelo y la dejo expuesta sobre la tierra, ¿puedo predecir lo que ocurrirá? Sí. Fracasará en cumplir su función, y si no hago algo al respecto, se secará y morirá. Pero si planto esa misma planta en tierra fértil, la riego y le doy nutrientes, ¿puedo predecir lo que pasará? La respuesta también es sí: prosperará.

Tu vida es tan simple como una planta, pero también tan compleja como una planta. Las leyes son simples, pero necesitamos aplicarlas con constancia. De lo contrario, viviremos luchando.

Una vez más: el éxito y el fracaso no son un misterio; ambos están directamente relacionados con leyes.

6. EL ÉXITO NO ES UNA PERSECUCIÓN

Este concepto es muy importante. La mayoría de personas que "tratan" de tener éxito no lo logran. ¿Estás tratando de tener éxito? ¿De ser grande? ¿De ser próspero? Así no va a funcionar. La prosperidad huirá de ti.

Salomón, el hombre más sabio que haya vivido, lo explicó así:

No te afanes acumulando riquezas; no te obsesiones con ellas. ¿Acaso has podido verlas? ¡No existen! Es como si les salieran alas, pues se van volando como las águilas.[12]

12. Proverbios 23:4-5.

Es fundamental tener sueños para tu vida, pero cuanto más persigas el éxito, más se te escapará. Eso es predecible, porque el éxito no se encuentra de esa forma.

Un automóvil no "trata" de funcionar bien. Solo necesita lo que su motor y sus partes requieren. Dale lo que necesita, sigue las leyes que lo hacen funcionar, y funcionará. Así también es tu vida: necesita lo que la hace operar correctamente. Por eso, no pongas tu mirada en el éxito como meta. En su lugar, persigue tu sueño, desarrolla tu don y obedece las leyes del éxito.

Algunas personas rechazan la palabra "obedecer" cuando se trata de leyes. Pero obedecer simplemente significa seguir las instrucciones o ajustarse a una norma.[13] Obedecemos muchas leyes todos los días sin darnos cuenta, pero a menudo ignoramos las leyes del éxito.

Por ejemplo, cuando comes, estás obedeciendo una ley natural: tu cuerpo necesita alimento para vivir. La mayoría no ignora esa ley porque sabe que obedecerla lo mantiene con vida. Si dejas de comer, pones en riesgo tu salud. Del mismo modo, obedecer las leyes del éxito te sostiene y te permite prosperar.

7. EL ÉXITO ES UN RESULTADO

Si el éxito no es una persecución, entonces, ¿qué es? Es el resultado o el fruto de seguir leyes.

Las personas verdaderamente exitosas simplemente están obedeciendo ciertas leyes, y están cosechando los resultados.

LeBron James deseaba ser el mejor jugador de baloncesto posible, así que siguió ciertas leyes para lograrlo. Una vez lo vi en una entrevista luego de un partido donde Miami Heat (su equipo en ese momento) ganó por veinte puntos. El periodista le preguntó:

—¿Cómo lo lograron?

Y él respondió:

---

13. Merriam-Webster. https://www.merriam-webster.com/dictionary/obey.

—Tuvimos unos días libres, pero en lugar de descansar, los pasamos todos en el gimnasio, lanzando al aro.

En su tiempo libre, ¿qué estaban haciendo LeBron y sus compañeros? Aunque no estaban obligados, persistieron en aplicar una de las leyes del éxito: la diligencia. LeBron nos estaba diciendo que su éxito no era algo que simplemente deseaba perseguir. Estaba aplicando una ley para obtener un resultado. Esa mentalidad es esencial para el éxito. Las leyes del éxito te sostendrán y te permitirán prosperar.

> *Las leyes del éxito te sostendrán y te permitirán prosperar.*

ESTÁ EN NUESTRO MEJOR INTERÉS

Las dos causas más comunes del fracaso son la ignorancia de las leyes y la desobediencia a las leyes. Debemos hacer el esfuerzo de activar las leyes de la vida. Obedecerlas siempre será en nuestro mejor interés.

En este sentido, nos convertimos en lo que decidimos ser. Lo que soy hoy es producto de una decisión que tomé. Necesitamos dejar de culpar a otros por nuestro estado actual. Otros pueden habernos herido (eso es otro tema); pero no son responsables de lo que somos o de en quiénes nos convertimos. La única forma de corregir el fracaso es comenzar a obedecer —o volver a obedecer— las leyes de la vida.

Muchas personas esperan tener éxito mientras ignoran las leyes que lo producen. "Todo lo que el hombre siembre, eso mismo cosechará". Algunos están cosechando hoy cosas que desearían no haber sembrado. Pero en general, lo que somos ahora, lo hemos elegido, aunque no lo hayamos hecho conscientemente. Eso también incluye vivir sin plenitud o sin prosperidad. Pero si no estás donde quisieras estar, puedes comenzar hoy mismo a cambiar el rumbo.

Ya que el éxito es un fruto, una vez que implementas una ley, puedes confiar en que esa ley comenzará a trabajar a tu favor, así como LeBron James. Volviendo a la analogía de la planta: una vez que le das tierra, agua y nutrientes, no puedes hacer nada para que crezca. Tu tarea es sostener las leyes de la naturaleza... y entonces el crecimiento ocurre desde dentro.

¿Habrá algo con tu nombre esperando que actives una ley para poder manifestarse?

En el próximo capítulo exploraremos la estructura de estas leyes del éxito, para que podamos construir sobre ellas mientras continuamos descubriendo principios de éxito y prosperidad.

5

LAS LEYES DEL ÉXITO EN LA VIDA

PARTE 2: DISEÑADAS Y PROBADAS

"La visión sin ejecución no es más que una alucinación".
—Henry Ford[14]

Las leyes de la vida tienen un componente relacional, y necesitamos estar conscientes de este contexto para poder comprenderlas e implementarlas correctamente.

Quiero compartir contigo una de mis ilustraciones favoritas, una que ha ayudado a muchas personas a lo largo de los años a entender este aspecto y a aplicarlo en distintas áreas: desde el liderazgo hasta

14. Esta cita suele atribuirse a Henry Ford. Véase, por ejemplo, *Success Quotes*, Goodreads, s. f. Recuperado de https://www.goodreads.com/quotes/tag/success?page=6.

las relaciones personales. Es un ejemplo tomado del mundo de la manufactura.

PROTEGIENDO LA IMAGEN

Un fabricante coloca su nombre o logo en cada producto que crea. Tus zapatos tienen una marca en su interior, y muchas veces esa misma marca está también bordada o impresa por fuera. Tu camisa tiene una etiqueta con el nombre de la empresa, y quizás ese nombre está estampado en el pecho. Tu auto tiene una marca en la parte trasera. Tu teléfono también tiene un logo o un nombre de compañía.

Ese nombre o logo refleja la imagen del producto. Apple tiene una imagen. Microsoft tiene una imagen. Ford tiene una imagen. Mercedes-Benz tiene una imagen. Y lo más importante que debemos entender es que, en el proceso de manufactura, lo último que se le pone a un producto es su imagen. El fabricante solo coloca su imagen cuando considera que el producto está completamente terminado.

Déjame explicarte qué significa "terminado". Aunque estoy hablando de productos, en última instancia me estoy refiriendo al diseño con el que fuimos creados los seres humanos. Un fabricante termina su producto antes de venderlo. Sin embargo, no permite que ese producto salga de la planta hasta que haya sido probado. Pagan a personas para que lo prueben y se aseguren de que todo funcione correctamente. Solo después de ese proceso el fabricante coloca su imagen en el producto, y entonces lo prepara para su envío.

En ese sentido, cuando compras un producto nuevo, en realidad no es completamente nuevo: ya ha sido utilizado para pruebas. Pero solo entonces puede decirse que está "terminado".

Cuando un fabricante permite que su producto salga de la planta, está tan seguro de que funcionará que incluye un manual de usuario lleno de promesas. Si el producto es un teléfono, el manual puede decir: "Este dispositivo puede realizar llamadas". ¿Cómo lo saben? Ya lo probaron. "Este teléfono se puede conectar a Internet". ¿Cómo pueden afirmarlo?

Ya lo probaron. "Este teléfono puede enviar mensajes de texto". ¿Cómo lo garantizan? Ya lo probaron. "La batería de este dispositivo dura ocho horas". ¿Cómo pueden asegurarlo? Porque han probado la duración de la batería.

Así que, una vez más, cuando el fabricante pone su imagen en el producto, no lo hace al comienzo del proceso, sino al final. Un fabricante no permite que su producto salga de la planta hasta que haya sido probado.

El manual de usuario también dice "no intente operar este producto hasta haber leído completamente este manual". Ese manual no es otra cosa que una colección de leyes redactadas por el fabricante para que el consumidor las siga, con el fin de garantizar que el producto funcionará correctamente. Estas leyes no fueron dadas para dañar el producto, sino para protegerlo.

Un fabricante no permite que su producto salga de la planta hasta que haya sido probado.

Ahora, al final del manual (la mayoría de personas nunca llega hasta ahí), suele haber una sección llamada "Garantía". Esa garantía explica que la empresa respalda completamente su producto. Dice que si algo sale mal dentro de cierto periodo de tiempo (por ejemplo, dos años), si hay alguna falla o defecto, tú puedes enviar el producto de vuelta y ellos pagarán el envío y repararán el producto por su cuenta. Reemplazarán cualquier pieza defectuosa con repuestos originales, y luego te devolverán el producto reparado. O, si es necesario, te darán un producto nuevo (también previamente probado) sin costo alguno para ti.

La gente que trabaja en esa empresa ni siquiera te conoce personalmente, así que ¿por qué gastarían tanto dinero en hacer todo esto por ti? No lo hacen porque les caigas bien. Entonces, ¿cuál es la verdadera razón detrás de su compromiso? Porque no se trata de ti. La empresa hace todo eso por su propio bien, por el bien de su nombre. Están protegiendo su reputación en el mercado porque su nombre está estampado en ese producto.

El manual incluso advierte que no intentes repararlo tú mismo. En otras palabras, nadie debería intentar arreglar un producto ajeno. Esa es una declaración profunda. ¿Por qué? Porque la compañía quiere que el éxito del producto esté atado a su nombre. Saben que si algo falla, su reputación (la percepción pública de su carácter) puede quedar en entredicho. ¿Has escuchado alguna vez decir "esa marca tiene mala fama" o "esa empresa tiene una mala reputación"? El éxito del producto es más importante para ellos que el costo de repararlo, porque están defendiendo su nombre.

Por eso también una empresa retira voluntariamente ciertos productos del mercado y los repara por su cuenta. Tal vez recibas una notificación del fabricante de tu auto que diga: "Si compraste este modelo entre tal año y tal año, tráelo de vuelta y lo arreglaremos sin costo". La empresa está pensando: "Esto nos costará seiscientos millones de dólares... pero no importa, porque nada cuesta más que nuestro nombre". El éxito del producto protege la reputación de la empresa. Y como pusieron su nombre en él, lo han garantizado.

PRINCIPIOS DEL ÉXITO Y LA PROSPERIDAD (CONTINUACIÓN)

¿Cómo se aplica todo esto a nuestro éxito? En el capítulo anterior vimos la primera ley: "Todo en la vida fue diseñado para tener éxito". La octava ley es una expansión de esa verdad fundamental:

8. NUESTRO ÉXITO FUE DISEÑADO POR EL CREADOR DEL UNIVERSO

El Creador del universo decidió fabricar un "producto" llamado ser humano. En este contexto, me refiero al Creador como el Dios de la Biblia. Fue Él quien nos dio nuestro propósito y nuestros dones innatos como elementos del componente divino que forma parte de nuestra naturaleza humana.

Dijo: Hagamos al ser humano a nuestra imagen y semejanza.[15] Cuando hizo esto, en esencia estaba diciendo: "Este producto no será como las aves, ni como los peces, ni como los demás animales. Este será un producto único. Vamos a poner nuestro nombre en él".

La palabra imagen se refiere a las características. Dios puso Su sello, Su imagen, en nosotros para que reflejáramos Su propio carácter. La palabra semejanza indica que funcionamos como Él. Así que Dios no solo nos hizo con Su naturaleza, sino también para operar como Él opera. Y Dios nunca falla. Cada ser humano fue creado para tener éxito. Dios jamás ha creado un fracaso. Las personas pueden fracasar, sí, pero ese no es el propósito ni la voluntad de Dios para ellas.

El Creador tenía Su propia planta de producción, y probó al ser humano antes de ponerle Su imagen. Por eso, lo primero que leemos que Dios dice sobre el ser humano es en realidad lo último que dijo en el proceso de creación: "Hagamos al ser humano y pongamos en él Nuestra imagen". Esto significa que tu vida no comenzó cuando Dios te creó. Dios le dijo al profeta Jeremías, en esencia: "Antes de que fueras concebido en el vientre de tu madre, ya te había probado. Si te digo que tu propósito es ser profeta, no estoy comenzando desde cero. Estoy hablando de lo que ya fue validado. Jeremías, tú ya eres profeta".[16]

Por eso puedes decir con confianza: "Lo que soy, ya lo soy. Solo que aún no lo he visto. Pero lo voy a manifestar". ¿Entiendes lo profundo de esto? Por eso dije que una calificación académica no puede medir tu potencial ni limitarlo. Y por eso también dije que no deberíamos juzgar el potencial de los demás. El propósito está incorporado dentro del producto. Viniste a esta tierra porque ya estabas completo. Cuando Dios te liberó, viniste con todo lo necesario para cumplir tu propósito y tener éxito. Entonces déjame preguntarte otra vez: ¿Estás tratando de perseguir el éxito? No está mal tener sueños, ¡el Creador mismo te los dio!; pero Él también te mostró el camino hacia el éxito: manifestar lo que Él

15. Génesis 1:26.
16. Ver Jeremías 1:1-10.

colocó dentro de ti mientras sigues Sus leyes, las cuales te capacitan para cumplir tu propósito.

Antes hablamos sobre los manuales del fabricante. ¿Lees cada página del manual de tu refrigerador, tu auto, tu teléfono o tu televisor? ¡Probablemente no! Y puede que por eso no entiendas bien por qué el producto hace ciertas cosas. Ese aparato quizás tiene múltiples funciones... pero tú solo conoces cuatro. Eso significa que no lo estás utilizando según todo su potencial. Estás viviendo por debajo de la capacidad que el producto puede ofrecerte. En otras palabras, estás infravalorando el producto. Y muchos hacemos exactamente eso con nuestra vida y con nuestro potencial. Solo conocemos cinco cosas: levantarse, ir a trabajar, volver a casa, cenar, dormir. Repetimos el ciclo una y otra vez. Estamos atrapados porque nunca hemos escuchado ni seguido las leyes de la creación que pueden cambiarlo todo.

Dios dice: "No puedo darme el lujo de que fracases, porque he puesto Mi nombre sobre ti". Cuando descubrí esta realidad, me volví peligroso. Descubrí esta ley cuando tenía dieciséis años, al leer el Manual del Creador —la Biblia— y extraer de ella Sus leyes y principios. El Creador nos dio leyes específicas para ayudarnos a comprender mejor Su naturaleza, alinearnos con Su propósito, guiar nuestra relación con Él y con los demás, y capacitarnos para tener éxito al cumplir nuestro propósito innato.

Y déjame decirte algo: mi actitud hoy es la misma que cuando descubrí estos principios: fuerte, valiente, sin temor ante la vida. ¿Sabes por qué? Porque reconozco que Dios me creó, que me diseñó para triunfar, y que mi éxito le conviene a Él. He aprendido muchas leyes del Creador que he aplicado a los negocios, las finanzas, el liderazgo, las relaciones y otras áreas de la vida... leyes que nos permiten prosperar y vivir con plenitud y que forman la base de este libro.

Tal vez tú pienses que ya has llegado al fondo de tu potencial. Pero ¡aún no has visto nada! Vas a manifestar todo lo que ya está en tu "disco duro". Durante los últimos diez o veinte años, lo que otros han visto —y quizá lo único que tú has visto— es solo la pantalla, el "monitor" de tu vida... y unas cuantas funciones visibles. Pero dentro de ti hay mucho más de lo que se ha mostrado hasta ahora. No lo dudes, tú viniste con todo lo necesario para cumplir tu propósito y tener éxito.

Tú viniste con todo lo necesario para cumplir tu propósito y tener éxito.

EL FINAL DESDE EL PRINCIPIO

Tú no naciste para encontrar un propósito en la vida. Tú naciste con un propósito. Una vez más, el problema puede ser que le tienes miedo a tus propios sueños y a ti mismo, porque tu familia, tu cultura o tu gobierno te dijeron quién podías ser y quién no (o tal vez tú mismo te lo dijiste). Pero esas personas no tienen ni idea de lo que están diciendo. No midas tu valor tomando como referencia a otros "productos humanos", porque nadie conoce un producto como su fabricante. Esos otros productos deberían ocuparse de sus propios asuntos y guardar silencio, porque no saben quién eres tú realmente.

El Creador nunca habría permitido que comenzaras si no hubieras estado ya terminado. En el libro del profeta Isaías, Dios dice: *Yo anuncio el fin desde el principio; desde los tiempos antiguos, lo que está por venir. Yo digo: Mi propósito se cumplirá, y haré todo lo que deseo.*[17] ¿Qué significa esto? Que cuando llegaste al mundo, tu final ya venía incluido con tu comienzo. Dios nunca pone el futuro de algo delante de ese algo. Tal vez nunca habías escuchado esta idea antes, pero es esencial si quieres entender la naturaleza del éxito. Recuerda uno de los principios del potencial: "Tu futuro no está delante de ti... está dentro de ti". ¿Cómo puede el Creador anunciar lo que aún no ha sucedido? Porque lo que está por venir, ya fue hecho. Dios puso dentro de ti lo que realmente

17. Isaías 46:10.

eres. Él dice: "Cuando te muestro lo que viene, es porque ya lo puse dentro de ti. No te dejaré ver nada que no exista ya".

Entonces, ¿qué podemos concluir con esto? No tienes que intentar ganar en la vida. Ya ganaste. Estás aquí porque ya tuviste éxito. Solo necesitas manifestar ese éxito. Ahora entiendes por qué yo, a los dieciséis años, me volví tan seguro de mí mismo. Porque reconocí que ya era un ganador. No tenía que intentar ganar, ya había ganado.

El rey David escribió en uno de sus salmos: *Deléitate en el Señor, y él te concederá los deseos de tu corazón.*[18] Pero espera... ¿no acabamos de decir que Dios es quien nos da Sus deseos y propósitos? ¡Sí! Nuestros sueños provienen de Él. Pero recuerda: Dios colocó Sus deseos para tu vida dentro de tu corazón. Y en este caso, el "corazón" representa la mente subconsciente. Dios puso Sus planes allí porque quiere asegurarse de que los encuentres. Como dijimos en el capítulo tres: todos esos pensamientos, ideas, planes y sueños que se mantienen constantes dentro de ti fueron puestos por el Creador. No importa cuántas veces los olvides momentáneamente, siempre volverán a tu mente.

Volvamos a lo que Dios dijo en Isaías: "Mi propósito se cumplirá, y haré todo lo que deseo". En otras palabras: "Este es Mi propósito para tu vida. Ya lo terminé. Y se va a cumplir". La palabra "cumplirá" no significa solo que está "de pie" o "establecido". Significa que no se irá. Significa que te frustrará hasta que hagas algo al respecto. Significa que nunca serás feliz haciendo otra cosa. No puedes cambiar lo que naciste para ser y hacer, y aun así sentirte realizado y exitoso. Ese propósito te perseguirá... hasta que lo obedezcas.

De hecho, Dios sigue diciendo: *Del oriente llamo al ave de rapiña; de tierra distante, al hombre que cumplirá mi propósito. Lo que he dicho, haré que se cumpla; lo que he planeado, lo realizaré.*[19]

Lo que fuiste creado para ser puede ser ahogado, incluso llevado al cementerio; pero no puede ser cambiado. Como dije antes: yo creo que tú eres un gran hombre o una gran mujer. Pero ¿a qué te has conformado

18. Salmos 37:4.
19. Isaías 46:11.

en la vida? ¿Te has permitido reducirte a ser simplemente un número más en tu trabajo? Tal vez así te ve la gente. Pero no es así como Dios te ve. Él te ve como alguien con un propósito divino, alguien que ya es un éxito.

6

LAS LEYES DEL ÉXITO EN LA VIDA

PARTE 3: LAS LEYES GARANTIZAN LA FUNCIÓN

Si se usa un hacha sin filo hay que hacer doble esfuerzo, por lo tanto, afila la hoja. Ahí está el valor de la sabiduría: ayuda a tener éxito.
—Rey Salomón[20]

Hay personas a quienes les incomoda toda idea de ley. Esto se debe, en la mayoría de los casos, a que no comprenden el verdadero propósito de una buena ley: garantizar la función y ofrecer protección. De la misma manera, las leyes de la vida existen para garantizar nuestra función, es decir, nuestro éxito, y también para protegernos. ¿Por qué el

20. Eclesiastés 10:10 (NTV)

Creador nos pide que obedezcamos Sus leyes? Porque obedecerlas siempre será en nuestro mejor interés.

En múltiples ocasiones, Jesús de Nazaret habló sobre la naturaleza esencial de las leyes del Creador. En un momento, al referirse a la experiencia de vivir en el reino de Dios —la influencia del cielo en la tierra—, dijo: *A ustedes se les ha concedido conocer los secretos del reino de los cielos*[21]. Esos "secretos" también los llamó "llaves": *Te daré las llaves del reino de los cielos; todo lo que ates en la tierra quedará atado en el cielo y todo lo que desates en la tierra quedará desatado en el cielo.*[22] Es posible tener la llave de una caja fuerte con dos millones de dólares dentro, pero si no lo sabes, seguirás viviendo como si estuvieras en quiebra.

Jesús dijo que nos daría leyes mediante las cuales el cielo se activa en la tierra a nuestro favor. Tú puedes hacer que las cosas empiecen a suceder, o puedes detener lo que está ocurriendo, dependiendo de cómo actúes respecto a esas leyes. Cuando usas las llaves como fueron diseñadas, el cielo te respalda en lo que permites... y también en lo que detienes.

No se trata de una sola "llave" del reino; se trata de llaves en plural, muchas de ellas. ¿Y por qué es esto tan importante? Porque Jesús dijo que esas llaves abren el cielo o lo cierran. Abren la vida o la bloquean. En otras palabras, esas llaves determinan si vivirás una vida abierta o encerrada, una vida de fracaso o una vida de éxito. Todo puede abrirse o cerrarse según las llaves que obedezcas o desobedezcas. Fíjate bien: en este contexto, Jesús afirma que el cielo hará lo que tú hagas. Eso significa, una vez más, que el éxito no depende de Dios; depende de ti. Puedes abrir o cerrar puertas en tu vida dependiendo de las llaves que obedezcas o desobedezcas.

Si no conoces las llaves, no puedes poner en marcha los principios; pero si las conoces, puedes aplicarlas, y Dios se involucrará. ¿Por qué? Porque Él es un Dios de leyes, y responde a las leyes. Funciona como

---

21. Mateo 13:11.
22. Mateo 16:19.

con cualquier fabricante: si obedeces las instrucciones del fabricante, él garantiza que el producto funcionará, porque respalda su creación.

La única persona que conoce el secreto de las llaves es quien las posee. Los estudiosos de la Biblia explican que la palabra griega traducida como "llaves" en la declaración de Jesús se usa en sentido figurado para representar poder y autoridad en diversos contextos. En la antigüedad, dado que muy pocas personas de confianza cargaban llaves, la imagen naturalmente transmitía la idea de autoridad delegada y acceso exclusivo.[23]

> *Puedes abrir o cerrar puertas en tu vida dependiendo de las llaves que obedezcas o desobedezcas.*

Más adelante, Jesús reprendió a los líderes religiosos de su época con una advertencia contundente: *¡Ay de ustedes, expertos en la Ley!, porque se han adueñado de la llave del conocimiento. Ustedes mismos no han entrado, y a los que intentan hacerlo, les han cerrado el paso.*[24] Esa llave del conocimiento "representa el medio para alcanzar el entendimiento respecto al reino de Dios".[25]

Yo podría tener en mis manos la llave de un auto, pero no poder usarlo porque no sé cuál es el vehículo correcto entre tantos. Podría estar rodeado de autos y seguir caminando, simplemente porque no sé qué puerta abre mi llave. Debo conocer la ley asociada a esa llave. Y esto nos lleva al noveno principio.

---

23. "2807. *Kleis*", Bible Lexicon, Bible Hub, https://biblehub.com/greek/2807.htm.
24. Lucas 11:52.
25. "*Key* (llave)", Easton's Bible Dictionary, Bible Study Tools, https://www.biblestudytools.com/dictionary/key/.

PRINCIPIOS DEL ÉXITO Y LA PROSPERIDAD (CONTINUACIÓN)

9. TU ÉXITO LE CONVIENE A DIOS

Sabemos que todo lo que Dios creó lo diseñó para el éxito: el aire, el agua, el cielo; los peces, las aves, los mamíferos; los átomos, las células, los órganos; los hombres, las mujeres, los niños. Cuando un árbol crece a partir de una semilla, en realidad no es por el bien del árbol; es por el bien del Creador. Por lo tanto, el éxito de un producto no beneficia al producto en sí, beneficia a su fabricante. Puedes decirte a ti mismo: "¡Mi éxito le conviene a Dios!".

Cuando descubrí esta verdad, fue una de las revelaciones que cambió mi vida por completo. Ya conté cómo lo aprendí al leer la Biblia por mí mismo cuando era adolescente. En el momento en que entendí que mi éxito es bueno para Dios, empecé a "presionar" a Dios para que cumpliera lo que había prometido. Hablamos anteriormente de cómo un producto lleva consigo toda la credibilidad de su fabricante y de su nombre. La palabra hebrea para "nombre" es *shem*, y este término es sumamente significativo: "En el pensamiento hebreo, un nombre nunca es una simple etiqueta. Encierra identidad, carácter, autoridad, memoria, reputación y destino".[26]

> *El éxito de un producto no beneficia al producto en sí, beneficia a su fabricante.*

En otras palabras, en la mentalidad hebrea, el nombre de algo es ese algo. En la antigüedad un nombre no era solo una etiqueta, era una representación del carácter. Por eso, cuando el gran líder Moisés le preguntó a Dios: "¿Cuál es tu nombre?", fue una pregunta complicada de responder. Dios le dijo: "Bueno, 'Yo soy el que soy'. Eso es lo que

26. "8034. *shem*". Topical Lexicon, Bible Hub, https://biblehub.com/hebrew/8034.htm.

soy".[27] En esencia, Dios estaba diciendo: "Mi nombre es 'Yo soy'... lo que sea que yo sea en ese momento". Así está escrito. Si lo traduces al español de forma literal, no parece tener mucho sentido. Nosotros preguntamos: "Dios, ¿cuál es tu nombre?". Y Dios responde: "Depende de lo que soy en ese momento. Llámame así". Tú completas el espacio en blanco dependiendo de lo que Dios represente para ti en ese instante.

Por ejemplo, Dios no es alguien que sana personas. Él es Jehová *Rapha,* el Dios que Sana. Dios no solo trae paz. Él es Jehová *Shalom,* el Dios de Paz. Dios no solo provee cosas. Él es Jehová *Jireh,* el Dios que Provee. Algunas personas quieren memorizar todos los nombres de Dios, pero eso es imposible si Él se convierte en lo que necesitas que sea en cada momento. Si estás enfermo, no necesitas dinero, necesitas a Jehová *Rapha.* Pero la persona sentada junto a ti tal vez necesite recursos económicos, así que para ella, Dios se manifiesta como Jehová *Jireh.* Entonces tienes dos manifestaciones distintas del carácter de Dios ocurriendo en un mismo lugar.

Ese mismo Dios se hizo carne y habitó entre nosotros en una persona llamada *Yeshúa,* un nombre que se traduce como Josué o Jesús, y que simplemente significa "Salvador". En una ocasión, algunas personas se acercaron a Jesús y le preguntaron: "¿Cuál es tu nombre? ¿Quién eres realmente?". Su respuesta fue: "Ya les he estado diciendo todo el tiempo quién soy, pero no me creen". Ellos insistieron: "No, es que nos confundes. El lunes dices 'Yo soy la luz'. El martes 'Yo soy el camino'. El miércoles 'Yo soy la verdad'. El jueves 'Yo soy la vida'. El viernes 'Yo soy el pan del cielo'. El sábado 'Yo soy el agua viva'. El domingo 'Yo soy la resurrección'. Entonces... ¿cuál de todos eres?". Jesús respondió esa pregunta diciendo, en esencia: "Depende de lo que necesites". Jesús es lo que tú necesitas, según lo que estés necesitando. Él dice: "¿Qué necesitas que sea? Eso soy".

Y ahora pasamos al décimo principio del éxito y la prosperidad, directamente relacionado con este.

---

27. Éxodo 3:14.

10. EL ÉXITO DE TODO LO QUE DIOS CREÓ, PROTEGE SU REPUTACIÓN

Ya hablamos sobre cómo un fabricante necesita que su producto tenga éxito, no por el bien del producto, sino por el bien de su propio nombre en el mercado. El Creador del universo diseñó el éxito dentro de la creación misma porque el éxito de todo lo que Él hizo protege y resguarda Su reputación. Por eso nuestro Fabricante no deja nuestro éxito al azar, ni a las suposiciones, ni a la experimentación, ni a las apuestas. Él incorporó leyes en nuestro funcionamiento para que no tengamos que vivir en incertidumbre.

Al Creador le encanta proteger Su reputación. En la Biblia, hay una frase recurrente que se repite una y otra vez en referencia a Dios, y es una expresión claramente tomada del lenguaje de los fabricantes. En diversos pasajes encontramos expresiones como: "por amor de su nombre", "por causa de mi nombre", o "por tu nombre". Esa frase —"por Su nombre"— se refiere a Su reputación.

Tal vez nosotros le decimos a Dios: "¡Mira todo lo que he logrado!", pero puede que Él nos responda: "¿Y tú crees que eso es todo lo que podías haber hecho? ¡Deberías ver lo que podrías haber alcanzado si hubieras seguido Mis leyes! ¿Eso es lo que tú llamas éxito? ¿Eso es a lo que decidiste conformarte?".

LAS LEYES CREAN RELACIONES

Me encanta el proverbio de Salomón: que encabeza este capítulo: "Si se usa un hacha sin filo hay que hacer doble esfuerzo, por lo tanto, afila la hoja. Ahí está el valor de la sabiduría: ayuda a tener éxito". ¿La aplicación? Si no conoces ni entiendes las leyes y principios del Creador sobre el éxito, seguirás trabajando duro —como cuando uno golpea con un hacha sin filo—, pero aun así no derribarás el "árbol". No lograrás aquello para lo que naciste. Puedes ser diligente y trabajar con empeño, y aun así no alcanzar el éxito... y por tanto, fallar en reflejar la reputación de tu Fabricante.

La vida no se trata solamente de trabajar duro. Se trata de trabajar con sabiduría, con estrategia. ¿Necesita afilarse tu hacha? ¿Estás simplemente esforzándote mucho, o estás trabajando con inteligencia según las leyes y principios de la vida, poniéndolos en práctica?

Por ejemplo, el hecho de que un automóvil necesite funcionar con combustible (o con una combinación de combustible y electricidad) es una "ley" incorporada en su diseño. Entonces, si tú quieres disfrutar lo que el fabricante promete, tienes que seguir sus principios. Primero, debes conocer cuál es el principio: en este caso, que el auto necesita combustible para funcionar; segundo, debes aceptar o someterte a la necesidad de llenar el tanque de gasolina; y tercero, tienes que actuar: echar gasolina realmente. Este proceso de conocer, aceptar y actuar aplica a todas las leyes y principios en muchas áreas de la vida.

Las leyes definen cómo funciona la vida. Claro que puedes ir en contra de un principio. Por ejemplo, puedes poner jugo de naranja en vez de gasolina en tu auto, pero si lo haces, anularás la promesa del fabricante. La ley dice que tu auto necesita gasolina, lo que significa que debes ir a donde se provee ese recurso: una estación de servicio. Necesitas mantener una relación con las estaciones de servicio mientras seas dueño del auto. Si algún día decides que ya no vas a echarle gasolina, el auto te dirá: "Entonces no vas a ir a ningún lado". Tú mismo le quitarás al auto la posibilidad de cumplir su propósito. Por eso las leyes crean relaciones. Tú te relacionas con las estaciones de servicio porque quieres que tu auto funcione.

Puede que no te guste la idea de tener que ir a una estación de servicio para abastecerte de combustible, pero tendrás que hacer muchas cosas que quizás no te agradan para poder seguir beneficiándote del funcionamiento del auto.

LAS LEYES REEMPLAZAN LA EXPERIMENTACIÓN

Cuando conoces las leyes y principios, y aprendes a relacionarte con ellos de forma constante, ya no necesitas experimentar con la vida. Las leyes reemplazan la experimentación. No tienes que adivinar qué hacer si ya conoces los principios. Como resultado, puedes vivir con menos errores y avanzar en la dirección correcta. A continuación, te comparto un resumen de algunas de las propiedades básicas de las leyes que debemos tener presentes. A lo largo del camino veremos otras más.

- *Las leyes son permanentes.* Han sido probadas por el tiempo y no cambian como lo hacen las modas o las tendencias.
- *Las leyes son universales.* Funcionan en cualquier lugar. Por ejemplo, la ley física de la gravedad está presente en todo el mundo, en todo momento. Funciona en Inglaterra, China, Jamaica, Australia... en todas partes. Es una ley. Mi punto es que si aprendes las llaves del Reino (que son universales y permanentes), puedes usarlas sin importar dónde vivas. Esto significa que no necesariamente tienes que mudarte de país o ciudad para tener éxito, aunque en ocasiones sí sea necesario cambiar de entorno o ambiente. Pero el éxito vendrá a ti si sigues las leyes. Mucha gente piensa: "Si tan solo pudiera irme a vivir a ________________, allí sí me iría bien en la vida". Pero la verdadera pregunta es: ¿conoces las leyes del éxito?
- *Las leyes funcionan sin importar las circunstancias.* Es decir, funcionan cuando todo va bien en tu vida, tu comunidad o tu nación; y también cuando hay dificultad o crisis.
- *Las leyes no son parciales, no muestran favoritismo.* Espero que comprendas que las leyes no funcionan solo para personas de cierta raza, nacionalidad o estatus social. Volviendo al ejemplo de las leyes físicas, la gravedad afecta a todas las personas por igual. No hace excepciones. El fuego quema de la misma manera en cualquier país del mundo; no cambia según la nación o grupo étnico. De la misma manera, las leyes de la vida funcionan para todos los que las aplican.

Libérate de esa mentalidad que dice que alguien más tuvo éxito porque "tuvo suerte" o "le llegó una oportunidad". No sabes lo que esa persona ha tenido que enfrentar, ni lo que aún está enfrentando. Si tú aprendes las leyes y los principios, y te enfocas en tu propio propósito —no en el de otros—, también encontrarás el éxito.

Y no sientas envidia de quienes aprendieron las leyes desde jóvenes. Puedes empezar a aplicarlas hoy mismo.

- *Las leyes garantizan resultados y éxito.* Esto significa que puedes comenzar a dirigir lo que ocurre en tu vida a partir de ahora. Si sientes que estás fracasando, examina qué leyes podrías estar violando. Si estás teniendo éxito, identifica las leyes que estás aplicando para entender mejor ese éxito y construir sobre él.
- *Las leyes y principios protegen al producto del abuso.* Dios nos dio leyes para protegernos. Protegen los "productos" que Él creó y los propósitos para los cuales fueron creados. La protección viene con la obediencia a esas leyes. Por ejemplo, cuando te detienes ante una luz roja, no tienes que preocuparte de recibir una multa. La protección está en obedecer la ley. El sentimiento de culpa aparece cuando rompemos una ley, porque dejamos de estar protegidos por ella. Obedecer las leyes de la creación lleva a una vida exitosa.
- *Las leyes sirven al producto.* Si deseas tener éxito, te conviene trabajar con las leyes y principios, porque ellos servirán a tu propósito de vida.
- *Las leyes simplifican el funcionamiento del producto.* Una vez más, las leyes eliminan la necesidad de adivinar cómo avanzar en la vida.

Cubro varias de las leyes del Creador sobre el éxito en este libro, pero puedes encontrar muchas más en Su Manual. Cuando algunas personas piensan en las leyes de Dios, solo les vienen a la mente los Diez Mandamientos. Créeme, hay muchas más leyes que esas. Realmente, no hay un fin para todo lo que se puede aprender.

Uno de los antiguos salmistas escribió:

Tus mandatos me hacen más sabio que mis enemigos,
pues me guían constantemente.
Así es, tengo mejor percepción que mis maestros,
porque siempre pienso en tus leyes.
Hasta soy más sabio que los ancianos,
porque he obedecido tus mandamientos.[28]

Amo las leyes y los principios, y los sigo. La gente cree que soy inteligente, pero en realidad lo que tengo es buena memoria para los principios y los pongo en práctica.

28. Salmos 119:98-100.

7

ACTIVA LAS LEYES DEL ÉXITO

"El secreto del éxito es la constancia de propósito".
—Benjamin Disraeli[29]

Cuando sigues tu propósito y obedeces las leyes relacionadas con él, atraerás cosas buenas: oportunidades, beneficios... e incluso personas que vendrán a buscarte. Hablaremos más sobre esto en la próxima sección del libro. Por ejemplo, una vez recibí una llamada telefónica de alguien que formaba parte de la junta directiva de la NFL. Me dijo:

—Mira, estamos teniendo algunos problemas con los jugadores de la NFL. Están atravesando dificultades.

Me habló de matrimonios que se estaban rompiendo, de conflictos personales, y luego añadió:

—Tú eres la persona que queremos que hable con ellos.

—¿Yo? —pregunté.

29. Benjamin Disraeli. (s. f.). *Benjamin Disraeli Quotes*. BrainyQuote. https://www.brainyquote.com/quotes/benjamin_disraeli_134331.

—Sí —respondió—. Hemos leído tu material. Queremos contratarte como consultor.

Ser consultor de la NFL no era algo que yo hubiera perseguido. De hecho, habría sido difícil predecirlo, considerando dónde vivo. Mi hogar está en una isla que apenas tiene siete millas de ancho. No me mudé a una gran ciudad para buscar un mejor trabajo ni para hacer carrera. El éxito y la influencia vinieron a buscarme cuando yo ni siquiera los estaba buscando. Todo lo que estaba haciendo era seguir las leyes y principios del Creador que había aprendido.

ALINEADO CON TU PROPÓSITO

Una de las primeras declaraciones que hizo Jesús de Nazaret acerca de la ley fue esta:

> *No piensen que he venido a anular la Ley o los Profetas; no he venido a anularlos, sino a darles cumplimiento. Les aseguro que mientras existan el cielo y la tierra, ni una letra ni una tilde de la Ley desaparecerán hasta que todo se haya cumplido.*[30]

La tierra sigue aquí… así que las leyes aún aplican.

Jesús también dijo algo más sobre las leyes que tiene relación directa con tu éxito:

> *Todo el que infrinja uno solo de estos mandamientos, por pequeño que sea, y enseñe a otros a hacer lo mismo, será considerado el más pequeño en el reino de los cielos; pero el que los practique y enseñe será considerado grande en el reino de los cielos.*[31]

Jesús nos dejó claro que cuando entiendes cuán importantes son las leyes, y las practicas y las enseñas a otros, alcanzarás grandeza.

Dios le dijo lo mismo al sucesor de Moisés, Josué. Le reveló el secreto del éxito:

30. Mateo 5:17-18.
31. Mateo 5:19.

Solo te pido que seas fuerte y muy valiente para obedecer toda la ley que mi siervo Moisés te ordenó. No te apartes de ella ni a derecha ni a izquierda; solo así tendrás éxito dondequiera que vayas. Recita siempre el libro de la Ley y medita en él de día y de noche; cumple con cuidado todo lo que en él está escrito. Así prosperarás y tendrás éxito.[32]

Una vez más, observa que Dios no puso la responsabilidad del éxito en Él mismo, sino en Josué. Básicamente le dijo: "Si mantienes mis leyes y obedeces mis mandamientos, si no te apartas ni a la derecha ni a la izquierda, si los meditas de día y de noche y los interiorizas hasta hacerlos parte de tu sistema, te garantizo que prosperarás y tendrás éxito".

Jesús nos dejó claro que cuando entiendes cuán importantes son las leyes, y las practicas y las enseñas a otros, alcanzarás grandeza.

He repetido a lo largo de este libro que tanto el éxito como el fracaso son predecibles. Así que podrías invertir esta declaración también: "Si no mantienes este libro de la ley en tus labios, y no meditas en él de día y de noche, y no obedeces con cuidado todo lo que en él está escrito, entonces no prosperarás ni tendrás éxito".

Imagina que colocas una semilla de trigo sobre un piso de cerámica y la dejas ahí durante veinte años. La semilla simplemente se quedará ahí... y con el tiempo se descompondrá. Podrías orar durante esos veinte años pidiéndole a Dios que haga crecer esa semilla. Pero ninguna oración hará que crezca una planta de trigo sobre el azulejo. La oración no puede sustituir una ley. De la misma manera, la prosperidad no llega solo por orar, sino por obedecer las leyes.

32. Josué 1:7-8.

Dios no responde a la oración solo porque ores con fuerza o con emoción. Tienes que presentarte ante Él con Sus llaves. Tus emociones no abren puertas. Las emociones vienen después de la bendición. No puedes pararte frente a una puerta y decir: "¡Ábrete!". La puerta responderá: "No. Necesitas una llave... y debe ser la correcta. No vengas con cualquier llave esperando que te abra".

Dios es compasivo y misericordioso, y como dije antes, es capaz de suplir todo tipo de necesidad. Sus nombres revelan que Él puede convertirse en todo lo que tú necesites en cada momento. Pero aquí estamos hablando de cómo implementar Sus leyes y saber que estamos haciendo nuestra parte en el proceso del éxito. No podemos ignorar Sus leyes mientras pedimos Su ayuda o guía.

ATAJOS: EL CAMINO MÁS LARGO HACIA EL ÉXITO

El camino hacia una vida exitosa es el orden: estar alineado con lo que Dios ha planeado y propuesto. Y el orden proviene de la ley. Jesús de Nazaret indicó lo mismo cuando dijo "busquen primeramente el reino de Dios y su justicia, entonces todas estas cosas les serán añadidas".[33] Al usar la palabra "primeramente", Jesús estaba señalando la prioridad. Valoraba el reino —la influencia del cielo en la tierra— por encima de todo.

A veces las personas esperan que Dios haga magia. Buscan milagros todo el tiempo. Cuando algunos líderes religiosos le pidieron a Jesús una señal milagrosa, Él les respondió: *¡Esta generación malvada y adúltera pide una señal milagrosa!*[34] En otras palabras, estaban buscando atajos.

Tomar un atajo significa ir en contra de una ley o varias. Déjame decirte algo: *el camino más largo hacia el éxito es el atajo.*

En los escritos del Nuevo Testamento hay varios relatos que describen las tentaciones de Jesús por parte de Satanás. Una de las más grandes fue esta: el diablo lo llevó a la parte más alta del templo y le dijo:

33. Mateo 6:33.
34. Mateo 12:39.

"Si de verdad eres quien dices ser… ¡lánzate! No te va a pasar nada. La Palabra de Dios dice que Él te protegerá".[35]

En otras palabras, el diablo le estaba sugiriendo tomar un atajo: "No pases por todo el dolor y sufrimiento de la crucifixión. Acábalo ahora. Si saltas y sobrevives, la gente va a creer en ti".

Pero Jesús le respondió: *También está escrito: "No pongas a prueba al Señor tu Dios"*.[36]

Si te sales del camino y cruzas por el patio de alguien para llegar más rápido, ¿cómo lo llamas? Un atajo. Pero ¿qué estás haciendo en realidad? Estás invadiendo propiedad ajena.

Jesús enseñó a sus discípulos a orar así: "Perdónanos nuestras ofensas".[37] Muchos lo expresan como: *Perdónanos nuestras transgresiones*. En otras palabras: "Dios, perdónanos por intentar acelerar los procesos de la vida evitando seguir Tus leyes. Perdónanos por tratar de usar atajos o estrategias humanas para llegar más rápido".

Por eso muchas personas terminan metidas en problemas en los negocios: intentan esquemas para hacerse ricos rápidamente. Por eso el juego y las apuestas también son destructivos: porque promueven los atajos. Te lo garantizo: una persona que tiene el hábito de apostar siempre perderá dinero y terminará en pobreza o frustración. Aunque gane alguna vez, podría terminar en bancarrota. No puedes ir contra las leyes sin enfrentar consecuencias.

No tomes atajos para hacer las cosas a tu manera. El Creador ha establecido leyes para que todos las sigamos y obtengamos el mejor resultado posible.

Tal vez todos los demás piensan que eres exitoso, pero ¿acaso has estado fallando porque no estás haciendo lo que Dios planeó para tu vida? En el libro del profeta Jeremías, leemos: *Porque yo conozco los planes que tengo para ustedes —afirma el Señor—, planes de bienestar y*

---

35. Ver Mateo 4:5-6; Lucas 4:9-11.
36. Mateo 4:7.
37. Mateo 6:12.

no de calamidad, a fin de darles un futuro y una esperanza.[38] Dios tiene un futuro preparado para ti. Una meta. Una marca que debes alcanzar. Y si no llegas a ese futuro que Él diseñó, no importa cuánta gente te aplauda en el camino, no eres un verdadero éxito porque no cumpliste tu propósito.

CRECIENDO CON LEYES Y PRINCIPIOS

Dios nos dice: "Te daré las llaves, te daré los principios, los sistemas, los conceptos mediante los cuales tendrás éxito". Mi deseo es ayudarte a ver tu propósito y alinear tu vida con ese propósito, para que puedas tener éxito. Aquí te comparto algunas formas en las que seguir las leyes y los principios te permite desarrollarte personalmente, fortaleciéndote para alcanzar el éxito. Las leyes y los principios nos brindan...

PAZ Y CONFIANZA

Cuando conoces las leyes, puedes tener paz y confianza porque entiendes el camino a seguir, confías en el proceso del éxito y no permites que los detractores te desanimen. Yo enseño las leyes y principios del éxito con total seguridad porque los he aprendido, los he puesto a prueba y los he comprobado personalmente. Puedo afirmarte que estas leyes funcionan.

VALENTÍA

Las leyes y los principios son enemigos del miedo. Cuando conoces las leyes de la vida, no tienes por qué temer a las circunstancias negativas, porque sabes que puedes responder con los principios correctos. El miedo, muchas veces, es evidencia de ignorancia.

Si tú sabes que tienes medio millón de dólares en el banco, y todos a tu alrededor están entrando en pánico porque no tienen dinero y la economía está inestable, ¿te vas a asustar junto con ellos? No. ¿Por qué no? No puedes ver físicamente el dinero, pero mantienes la calma porque sabes que está allí si lo necesitas. De la misma manera, los recursos que

38. Jeremías 29:11.

necesitas para seguir tu propósito están en las leyes de Dios, listos para ser activados cuando las necesites.

Jesucristo tenía confianza y valentía incluso ante la muerte. Y esto no era simplemente porque Él era Dios. Era porque tenía conocimiento. Él dijo: "Mi Padre me dijo que si yo entrego mi vida, también la puedo volver a tomar".[39] Lo que le dio esa confianza fue la información. Conocer las leyes reduce y cancela el miedo.

Las leyes y los principios son enemigos del miedo.

ENTENDIMIENTO Y SABIDURÍA

El conocimiento de las leyes y principios también es fuente de sabiduría. Una de mis frases favoritas de la Biblia, que me ha dado dirección clave en mi vida, está en el libro de Proverbios, donde Salomón escribió: *La sabiduría es lo primero. ¡Adquiere sabiduría! Por sobre todas las posesiones, adquiere discernimiento.*[40] He vivido basado en esa verdad durante décadas.

Salomón estaba hablando aquí de leyes. Si tú entiendes las leyes, te vuelves sabio. Como mencioné antes, cuando empezamos a seguir las leyes de la creación (o las leyes de la vida) la gente pensará que somos naturalmente sabios o inteligentes, cuando en realidad lo que tenemos es conocimiento de esas leyes. A eso le llaman sabiduría. Yo asesoro a personas que están al frente de sus gobiernos, y creen que soy sabio. No. Solo conozco las leyes del liderazgo. Conozco las leyes de la comunicación. Conozco las leyes del desarrollo social. Conozco las leyes de la seguridad familiar. Así que simplemente repito las leyes... y la gente responde a ellas porque las leyes tienen sentido.

---

39. Ver Juan 10:17-18.
40. Proverbios 4:7.

La sabiduría es la aplicación de leyes y principios probados por el tiempo. Hay tres palabras que debemos tener presentes: conocimiento, entendimiento y sabiduría. El conocimiento es información. El entendimiento es comprensión. Y la sabiduría es aplicación. Puede que conozcas las leyes, pero si no las aplicas, el resultado será el mismo que si no las conocieras: tropezarás y fracasarás.

PODER Y FORTALEZA

Las leyes y los principios son más importantes que el poder, porque aplicarlos es lo que te conduce al poder. Cuando conoces las leyes, descubrirás que tienes distintos tipos de poder relacionados con ejercer tu propósito y tus dones. Hablaremos más de esto en los próximos capítulos. Dios le dijo a Josué: "Sé fuerte y muy valiente" al guardar las leyes. Tu fortaleza se demuestra por las leyes que conoces y por las que obedeces. Por ejemplo, en los Diez Mandamientos, ¿por qué dijo Dios: "No matarás"? Porque cuando matas, no solo destruyes una vida, sino que también afectas todo lo que está conectado con esa vida. Esos mandamientos son leyes divinas para la protección de toda la vida. Si preservas la vida, harás prosperar tu camino. Hay dos aspectos más de las leyes de la vida que debemos entender para activarlas: las cualidades únicas de las leyes naturales y espirituales, y la diferencia entre leyes y reglas. Exploraremos estos temas a continuación.

8

LEYES NATURALES Y LEYES ESPIRITUALES

"La gravedad explica los movimientos de los planetas, pero no puede explicar quién los puso en movimiento".

—Isaac Newton[41]

Mientras sigues las leyes del Creador al servir tu don, es importante reconocer en qué se parecen y en qué se diferencian las leyes naturales y las leyes sobrenaturales. Esto evitará que confundas una con la otra y te permitirá aplicarlas de manera eficaz.

LEYES NATURALES

1. Las leyes naturales fueron establecidas por el Creador. Por ejemplo, ningún ser humano creó la ley de la gravedad, la ley del movimiento o la ley de la termodinámica. El maravilloso diseño de Dios para el universo estableció estas realidades.

41. Isaac Newton. (s. f.). *Isaac Newton: Quotes*. Goodreads. https://www.goodreads.com/author/quotes/135106.Isaac_Newton.

2. Las leyes naturales establecen el orden natural. La palabra natural proviene de naturaleza. Así, todo lo que está incorporado en la naturaleza es lo que llamamos "natural": en términos generales, es la forma en que las cosas funcionan en el mundo creado.
3. Las leyes naturales regulan las relaciones naturales. Hablamos de cómo un árbol está conectado al suelo donde fue plantado. El árbol y el suelo tienen una relación según la ley natural. Hay muchas relaciones naturales así en la tierra. Por ejemplo, los seres humanos no producimos oxígeno por nosotros mismos, pero es una ley física que necesitamos respirar oxígeno para vivir. Las plantas y los árboles producen oxígeno, de modo que tenemos una relación con ellos; debemos proteger y cuidar los árboles por nuestro propio bien. Esa es una relación basada en una ley.
4. Las leyes naturales no pueden cambiarse. Son inherentes al entorno del mundo creado.
5. Las leyes naturales tienen consecuencias incorporadas según cómo respondamos a ellas. Mencioné antes que, si se arranca un árbol del suelo donde fue plantado, no tendríamos que adivinar lo que ocurrirá. El resultado —el "juicio"— de su desconexión de aquello que lo sustenta está incorporado en la ley natural que lo rige. De manera similar, un pez tiene una relación con el agua; necesita vivir en el agua para sobrevivir. Si un pez salta a tierra firme, sufrirá las consecuencias de esa desconexión.

De la misma manera, si una persona intentara desafiar una ley natural, como la gravedad, saltando desde una gran altura, probablemente moriría o, cuando menos, quedaría gravemente herida. Una vez más, esto nos muestra que el éxito, así como el fracaso, es predecible.

Ahora veamos la naturaleza de las leyes espirituales.

LEYES ESPIRITUALES

1. Las leyes espirituales fueron establecidas por el Creador, igual que las leyes naturales.
2. Existen leyes espirituales inherentes al espíritu humano. Todos, creamos o no en un Creador, por lo general sabemos cuándo estamos haciendo algo que no deberíamos hacer o estamos violando la ley. Esto se debe a que las leyes espirituales están inscritas en nosotros como seres humanos. Hay una ley espiritual en tu interior llamada la conciencia. Nadie tiene que decirte cuándo estás haciendo mal o cuándo necesitas hacer lo correcto: una ley interna te lo indica; pero tú eliges si escuchas y sigues esa ley. Por ejemplo, una persona puede saber, por su conciencia, que está haciendo algo que le perjudica, pero su hábito la domina y sigue haciéndolo.
3. Las leyes espirituales regulan las relaciones sobrenaturales. Para relacionarte con Dios, debes obedecer ciertas leyes espirituales. La primera de esas leyes es la sumisión: debes rendirte a Dios. Dios no puede ayudarte si no te rindes a Él. En segundo lugar, debes confesarle que no sabes nada. Esa es una ley espiritual. No puedes acercarte a Dios como si fueras la medida de todas las cosas y no lo necesitaras. Esta ley de la sumisión aplica a tu cuerpo, a tu mente (tu inteligencia) y a tu espíritu.

Nadie tiene que decirte cuándo estás haciendo mal o cuándo necesitas hacer lo correcto: una ley interna te lo indica.

4. Las leyes espirituales son eternas. No se limitan a las leyes del mundo finito; trascienden la naturaleza.

5. Las leyes espirituales tienen consecuencias incorporadas. Igual que las leyes naturales, las leyes espirituales traen sus propios resultados. Si obedecemos estas leyes, cosechamos consecuencias positivas. Si las desobedecemos, cosechamos consecuencias negativas. Cuando nuestro antepasado Adán decidió actuar en contra de la ley del Creador, el Creador no lo castigó con la muerte. La muerte estaba incorporada en esa ley: *Puedes comer de todos los árboles del jardín, pero del árbol del conocimiento del bien y del mal no deberás comer. El día que de él comas, sin duda morirás.*[42] Dios no dijo: "El día que comas de ese árbol, ¡yo te mataré!". No: el morir estaba incorporado al acto de violar esa ley espiritual. Dios no necesita juzgarnos. Así de poderosas son las leyes. Pablo de Tarso lo expresó así: "La paga del pecado es muerte".[2]

   Dios estaba diciendo: "Mira, tu relación conmigo depende de que obedezcas esta ley. Yo no voy a matarte, pero si comes de ese árbol, estás rompiendo la fe con mi mandamiento". No se trata del árbol en sí, sino del hecho de que Dios estableció una ley de no comer de él.

   Así como un árbol arrancado de la tierra donde fue plantado, o un pez que salta a un ambiente sin agua, cuando las personas decidieron apartarse de Dios, murieron espiritualmente y, con el tiempo, murieron físicamente. La relación quedó determinada por las leyes establecidas desde el principio de la creación. Por eso Dios envió a Jesús a la tierra: para restaurar la conexión entre los seres humanos y Él, de modo que se nos diera vida nueva y pudiéramos seguir de nuevo Sus leyes de vida. Aquí está otra vez la declaración de Pablo, con la frase que le sigue: *La paga del pecado es muerte, mientras que el regalo de Dios es vida eterna en Cristo Jesús, nuestro Señor.*[43]

42. Genesis 2:16-17.
43. Romanos 6:23.

6. Las leyes espirituales pueden anular las naturales. Hay ocasiones en que el Creador actúa de un modo contrario a las leyes naturales para llevar a cabo Sus propósitos en la tierra. El diccionario en línea de Merriam-Webster ofrece varias definiciones de ley que nos ayudan a entender esto. Una dice: "una enunciación de un orden o relación de fenómenos que, hasta donde se sabe, es invariable bajo las condiciones dadas".[44] Las leyes físicas han sido establecidas para el curso normal de la vida en la tierra, y se mantienen verdaderas en ese contexto. Sin embargo, cuando entran en juego las leyes espirituales, las leyes naturales no son necesariamente "invariables". Por ejemplo, para permitir que los israelitas escaparan de los egipcios que los perseguían, Dios abrió el mar Rojo;[45] en ese momento, las aguas parecieron operar en contra de la ley de la gravedad. En otro ejemplo, Jesús caminó sobre el agua, algo que, para un ser humano, no es físicamente posible desde la perspectiva de las leyes naturales.[46] Aquí es donde las leyes sobrenaturales de Dios anulan las leyes naturales.

CUMPLIMIENTO MÁXIMO DEL PROPÓSITO Y EL POTENCIAL

Las leyes del Creador son, en consecuencia, tanto naturales como sobrenaturales, tanto físicas como espirituales, para garantizar el cumplimiento máximo de nuestro propósito y potencial. En otras palabras, Dios creó todas las leyes para que trabajen a nuestro favor. Una vez más, el problema de muchos de nosotros es simple: no conocemos las leyes. Así que afrontamos la vida experimentando, adivinando, esperando que las cosas salgan bien.

Mi propósito y mi trabajo son enseñar, asesorar y guiar a las personas, y considero que mi papel es claro y directo: ayudo a las personas a entender las leyes. No tiene nada de misterioso ni de complejo. Cada

44. Merriam-Webster. (s. f.). *Law*. En *Merriam-Webster.com dictionary*. https://www.merriam-webster.com/dictionary/law.
45. Ver Éxodo 14:21-22.
46. Ver Mateo 14:22-23.

día simplemente enseño leyes. Las leyes no toman en cuenta la opinión personal. Cuando doy un consejo, me enfoco en las leyes y no en mi opinión. Las leyes de Dios no son sugerencias. Son instrucciones, y queremos recibir Sus instrucciones.

Como dije antes, un orador puede decir cosas que hacen sentir bien a la gente por un momento, pero, al final, ¿aprendieron algo que beneficie su vida? ¿Aprendieron alguna ley del éxito personal? Algunas personas llevan años escuchando a los mismos oradores o *influencers*, pero siguen sin dinero, deprimidas y frustradas; todavía no saben cómo tener éxito. No es la elocuencia —ni siquiera la predicación— lo que te libera; es poner en práctica la verdad de las leyes lo que te libera y te permite tener éxito.[47]

El concepto de necesidad está relacionado con las leyes. No "queremos" a Dios: necesitamos a Dios. Por eso muchos regresan al Creador y a Sus propósitos. Cuando descubrimos quién es Él, entonces lo queremos, porque aprendemos cómo es en realidad. La gente piensa que venir a Dios es una experiencia religiosa. No, no lo es: se trata de recuperar la cordura. Las plantas necesitan suelo. Los peces necesitan agua. Las personas necesitan al Creador.

No es la elocuencia —ni siquiera la predicación— lo que te libera; es poner en práctica la verdad de las leyes lo que te libera y te permite tener éxito.

Jesús enseñó que sin Dios no podemos hacer nada.[48] Sin suelo, las plantas no pueden hacer nada. Sin agua, los peces no pueden hacer nada. Sin Dios, nosotros no podemos hacer nada. No es una cuestión de preferencia; es una cuestión de orden incorporado en las leyes de la vida y de la creación.

47. Juan 8:31-32.
48. Ver Juan 15:5.

Los seres humanos son los únicos seres creados que, voluntaria e intencionalmente, cuestionan, desafían, se alejan y van en contra de las leyes espirituales y naturales. Los peces nunca salen voluntariamente del agua. Las plantas nunca abandonan voluntariamente la tierra. Ellos no desafían la ley. Desafiar estas leyes nos mete en un problema. Por eso vemos formas de fracaso por todo el mundo. En cada cultura, en cada raza, en cada grupo étnico, miles de millones de personas fracasan porque o no conocen las leyes naturales y espirituales, o actúan deliberadamente en contra de ellas.

Recuerda que Dios le dijo al sucesor de Moisés, Josué: "Si obedeces Mis leyes, prosperarás y tendrás éxito".[49] Una versión bíblica traduce la frase final como "tendrás buen éxito".[50] Esa expresión "buen éxito" nos recuerda que también existe el mal éxito. Un narcotraficante puede tener mucho dinero, pero probablemente no duerme por las noches. ¿Por qué? Puede haber gente que quiera matarlo, así que tiene que quedarse despierto toda la noche cuidando su dinero. Eso no es prosperidad. Eso es tormento.

LAS LEYES TE DAN CONTROL SOBRE LA VIDA

Jesús hizo un comentario sencillo al que muchos no le prestan atención. Primero dijo: "un hombre que echa semilla en la tierra". Ahora fíjate en lo que dijo después: "se acuesta de noche y se levanta de día, y la semilla brota y crece; cómo, él no lo sabe. La tierra produce fruto por sí misma; primero la hoja, luego la espiga, y después el grano maduro en la espiga".[51]

Jesús no dijo: "Un hombre echa semilla en la tierra. Luego se va a la cama preocupado y orando por esa semilla; se levanta y se esfuerza por hacer que la semilla crezca, diciendo: '¡Semilla, germina! ¡Semilla, brota!'". No. Dijo: "Un hombre sale y siembra la semilla en la tierra. Luego, cada noche duerme y cada día se levanta y sigue con su vida, y todo ese tiempo su semilla va creciendo y desarrollándose por sí sola".

49. Ver Josué 1:7-8.
50. NKJV (traducción libre).
51. Marcos 4:26-28 (NBLA).

En otras palabras, después de sembrar, el hombre ya no piensa más en eso. ¿Por qué? Porque razona: "Hice lo que me tocaba. Obedecí las leyes. Puedo dormir tranquilo por la noche sin preocuparme". Sabe que la cosecha viene. A esto me refería cuando dije que las leyes nos dan paz y confianza.

Esto es difícil para mucha gente porque quieren "ayudar" al Creador. Sienten que si no están haciendo "algo", entonces no están haciendo nada. Jesús dice: "No; una vez que plantas, te vas a dormir". ¿Por qué? Porque, como mencioné antes, las leyes trabajan automáticamente en cuanto las activas. Cuando las obedeces, tienen su propia productividad interna. Empiezan a producir.

Usando otra ilustración con el auto: si vas a la gasolinera y llenas el tanque, ¿luego oras para que el auto tenga combustible y pueda funcionar? No. Obedeciste la ley de que tu auto funciona con gasolina; así que ahora simplemente enciendes el motor y pisas el acelerador para ponerte en marcha.

Así, cuando conoces y obedeces las leyes de la vida, controlas el resultado. No estoy diciendo que no debamos someter nuestros planes al Creador ni que dejemos de hablar con Él sobre nuestras preocupaciones. Lo que digo es que no deberíamos limitarnos a "esperar" que algo salga bien en lugar de poner en práctica las leyes de Dios, leyes que Él ya estableció para que las utilicemos en nuestro éxito.

El Creador nos ha dado un Manual lleno de las leyes de la vida y de la creación. Nos dio estas leyes para que supiéramos lo que significa vivir de acuerdo con Su naturaleza y Sus caminos. Sin embargo, el deseo de Dios no era que Sus leyes quedaran registradas solo en piedra o incluso en papel. Dios reveló Su plan definitivo con estas palabras, dadas al profeta Jeremías: *Pondré mi Ley en su mente y la escribiré en su corazón.*[52]

52. Jeremías 31:33.

9

LEYES VERSUS REGLAS

"La medida definitiva de un hombre no es dónde se ubica en momentos de comodidad y conveniencia, sino dónde se ubica en tiempos de desafío y controversia".

—Martin Luther King Jr.[53]

Una vez que entendemos los fundamentos de las leyes del Creador y su relación con el éxito, es esencial distinguir entre una ley y una regla. No podemos darnos el lujo de confundirlas. Conocer la diferencia elimina la frustración y la confusión. Seguir las leyes de la vida es el cimiento del éxito, pero seguir "reglas" puede, de hecho, impedirte tener éxito. La falta de éxito de muchas personas se debe a que han estado obedeciendo las reglas. ¡Quien quiera tener éxito deberá romper algunas reglas!

Para contrastar ambos conceptos, repasemos brevemente la naturaleza de las leyes de la vida antes de considerar la naturaleza de las reglas.

53. Martin Luther King Jr. (2010). *Strength to Love*. Mineápolis: Fortress Press, p. 26.

LA NATURALEZA DE LAS LEYES DE LA VIDA

Una de las razones por las que hablé de las cualidades de las leyes naturales y espirituales es que nos ayuda a ver las diferencias entre leyes y reglas. Sabemos que las leyes son los principios inherentes (o incorporados) que regulan la vida y las relaciones dentro de la creación. Esto significa:

- Las leyes y los principios verdaderos nunca pueden romperse. No "quebrantamos" las leyes, aunque usemos esa expresión para describir el ir en contra de una ley. En otras palabras, cuando desobedecemos una ley, eso no afecta a la ley, nos afecta a nosotros y a nuestra vida.
- Las leyes y los principios verdaderos "quiebran" a quienes van contra ellos. Si saltaras desde lo alto de un edificio de diez pisos, no violarías la gravedad; la gravedad actuaría contra ti. No te empujarías hacia abajo: la gravedad te atraerá hacia abajo.
- El Creador no tiene que imponer juicio cuando vamos contra Sus leyes y principios. Esta conclusión se desprende de los dos puntos anteriores: las leyes tienen un juicio incorporado.
- Las leyes y los principios verdaderos atraen y activan sus propias recompensas cuando se ponen en práctica. Por eso he dicho que el fracaso o el éxito no dependen de Dios. Dios ya terminó de establecer las leyes naturales y espirituales. Creó todo y puso las leyes en movimiento. Nos toca a nosotros seguirlas para tener éxito.

¡Quien quiera tener éxito deberá romper algunas reglas!

LA NATURALEZA DE LAS REGLAS

Ahora considera los puntos anteriores en contraste con las reglas, a las que también podríamos llamar tradiciones. A veces la gente piensa que leyes y reglas son lo mismo; sin embargo, si quieres tener éxito, debes mantener la ley, pero violar ciertas tradiciones.

Cuando Jesús habló de llegar a ser grandes practicando y enseñando los mandamientos de la ley, también dijo: *Porque les digo a ustedes que no van a entrar en el reino de los cielos a menos que su justicia supere la de los fariseos y la de los maestros de la Ley.*[54] ¿Qué significa tener "justicia"? Sencillamente estar alineado con las leyes de Dios. Aquí Jesús habla de la diferencia entre seguir la tradición y obedecer las leyes. Abordó este tema muchas veces en su ministerio. Más adelante, algunos líderes religiosos le preguntaron: "¿Por qué quebrantan tus discípulos la tradición de los líderes religiosos?".[55]

¿De quién era la tradición de la que hablaban? De los líderes religiosos, no de Dios. Por tanto, debes separar lo que los seres humanos han establecido de lo que Dios ha establecido. No todo lo que los humanos han establecido está mal; parte de ello se ha construido sobre las leyes y principios de éxito que el Creador puso en marcha. Pero te aseguro con toda mi fuerza que seguir tradiciones y reglas humanas socavará tu propósito y te llevará al fracaso.

Jesús respondió a los líderes religiosos de esta manera: *¿Y por qué ustedes quebrantan el mandamiento de Dios a causa de la tradición?*[56] En otras palabras: "¿Por qué rompen las leyes de Dios para seguir sus reglas?". Esta diferencia entre leyes y reglas es vital para recordarla durante toda tu vida si quieres seguir cumpliendo tu propósito y alcanzar el éxito.

LAS REGLAS PUEDEN SER PELIGROSAS

Varias definiciones adicionales de *ley*[57] nos ayudan a distinguir entre leyes y reglas. Veámoslas:

1. "La revelación de la voluntad de Dios expuesta en el Antiguo Testamento"; "la primera parte de las Escrituras judías:

54. Mateo 5:20.
55. Mateo 15:2.
56. Versículo 3.
57. Merriam-Webster. (s.f.). *Law*. En *Merriam-Webster.com dictionary*. https://www.merriam-webster.com/dictionary/law.

pentateuco, torá". El Pentateuco son los primeros cinco libros de la Biblia: Génesis, Éxodo, Levítico, Números y Deuteronomio. Estas definiciones de ley abarcan muchas de las leyes de Dios. Las reglas humanas que contradicen las leyes del Creador inevitablemente harán que la gente fracase, impidiéndole alcanzar la verdadera prosperidad y el éxito.

2. "Una costumbre o práctica vinculante de una comunidad: una norma de conducta o acción prescrita o formalmente reconocida como obligatoria o aplicada por una autoridad competente". La gente llama a esto "ley", pero en realidad es una regla si se basa solo en la costumbre o práctica humana y no en las leyes de la creación.

   Este tipo de "ley" puede ser peligrosa. Por ejemplo, originalmente se escribió en la Constitución de Estados Unidos que, para efectos del censo, los esclavos negros serían contados como solo tres quintos de las "personas libres". ¿Qué implicaban, entonces, los otros dos quintos? ¿Animales? Eso era una ley, y se esperaba que la gente la siguiera en sus procedimientos. Esa ley implicaba que un esclavo negro nunca podría ser tratado como un ser humano igual a cualquier otro, de modo que podía ser vendido igual que se vendían los animales. La regla respaldaba la institución de la esclavitud, que ya era legal y se practicaba en el país.

   Aunque hubo individuos y grupos en Estados Unidos que se opusieron a la esclavitud, la mayoría de la comunidad blanca del país consintió la "regla" de que las personas negras no eran plenamente humanas. Era aceptable venderlas como propiedad y retenerlas contra su voluntad, golpearlas y marcarlas con un hierro candente como se marca a una vaca. De nuevo, todo el concepto estaba respaldado por una regla creada por la comunidad, y era vinculante y exigible por una autoridad. La comunidad hizo eso exigible. Así de peligrosas pueden ser las leyes hechas por los hombres. Algunas reglas humanas están diseñadas para restringir y controlar a otros seres humanos; se imponen para coartar su poder.

¿Qué ocurrió para abolir la esclavitud en Estados Unidos? Hubo personas que se levantaron y dijeron: "Nos oponemos a esa regla porque hay una ley superior. Hay una ley divina que dice que todos los seres humanos fueron creados iguales y que todos fueron hechos a imagen de Dios". ¿De dónde sacaron esa ley? Del libro de Génesis y de otras partes de la Biblia. La ley se volvió más importante que la regla, y la esclavitud fue abolida. Por eso no confío en las reglas de los hombres.

3. "Un mandato o una disposición promulgada por una legislatura". Esta puede ser la definición con las consecuencias más alarmantes. Hoy en día se promulgan toda clase de "leyes" que yo llamo reglas, porque se basan en ideas meramente humanas y contradicen las leyes de Dios.

LA DIFERENCIA ENTRE LEYES Y REGLAS

A la luz de estas definiciones y de las propiedades de las leyes del Creador, podemos llegar a estas conclusiones:

1. Las leyes son más importantes que las reglas. Fueron establecidas en la creación y son inmutables. Están por encima de las reglas.
2. Las leyes son distintas de las reglas. Las leyes son permanentes, mientras que las reglas son temporales y se formulan por consenso de los miembros de una comunidad, una legislatura u otra autoridad gobernante.
3. Las reglas son costumbres y límites creados por el hombre. Los seres humanos fueron diseñados por Dios para vivir conforme a las leyes naturales y divinas, y para protegerlas. Lo que la humanidad ha intentado, en esencia, es crear un tercer conjunto de leyes, propio. Muchas veces, estas leyes contradicen (o intentan

contradecir) las dos primeras. Al instituir tales reglas, se crean limitaciones para los demás.

4. Las leyes nunca deben estar sujetas a las reglas. Martin Luther King Jr. dijo estas palabras mientras luchaba contra la opresión de la dominación blanca en Estados Unidos: "Hay dos tipos de leyes: hay leyes justas y hay leyes injustas. Yo sería el primero en abogar por obedecer las leyes justas. Uno tiene no solo una responsabilidad legal sino moral de obedecer las leyes justas. A la inversa, uno tiene una responsabilidad moral de desobedecer las leyes injustas".[58]
5. Donde haya conflicto entre una ley y una regla, obedece la ley. Llega un punto en el que no podemos permitir que las leyes queden subordinadas a las reglas si vamos a cumplir nuestro propósito y tener éxito. Eso puede incluso significar ir a la cárcel. Martin Luther King Jr. fue a prisión porque rompió una regla: la regla que decía que las personas eran desiguales. ¿Por qué? Porque él también encontró una ley superior que dice que todas las personas son iguales. King obedeció la ley y violó la regla, aunque tuvo que pagar un precio.
6. Las personas exitosas siempre rompen reglas por amor a las leyes. Recuerdo cuando se decía que ningún hombre podría bajar de los cuatro minutos en la milla, se pensaba que un ser humano no podía correr una milla en menos de cuatro minutos. Eso era una regla no escrita, no una ley natural. Entonces un hombre llamado Roger Bannister decidió: "Voy a romper esa regla". Una vez que él la rompió, muchos otros también la rompieron. Los líderes son siempre rompe-reglas. Por eso son líderes. No lideras guardando reglas. Lideras guardando leyes.

La gente crea todo tipo de reglas todo el tiempo. Muchos llegaron a creer que una computadora tenía que ser del tamaño de

---

58. Martin Luther King Jr. (s. f.). *Martin Luther King Jr. on just and unjust laws*. John F. Kennedy Presidential Library and Museum. Recuperado de https://www.jfklibrary.org/sites/default/files/2020-04/Birmingham%20Letter%20Excerpts%20for%20Activity.pdf.

una habitación porque así fueron las primeras. Luego se inventó la computadora de escritorio, la de mano, la de muñeca y la integrada en gafas. ¿Por qué? Porque la gente sigue rompiendo las reglas humanas. Si quieres tener éxito, encuentra una regla que romper. Algunas de esas reglas son tecnológicas, y otras son sociales o culturales. Por ejemplo, hay quienes creen que una persona de cierto origen, educación o cultura no puede lograr ciertas cosas. Tienen reglas sobre quién puede (o se "permite") tener éxito en diversos ámbitos de la vida. Pero alguien vendrá y romperá esas reglas, porque son hechas por los hombres.

7. Nunca tengas miedo de romper reglas por amor a la ley de Dios en la creación. Creo que las reglas de los hombres fueron hechas para romperse. Solo quienes las rompen hacen historia.

   Supón que trabajas en un hotel, pero el sueño que Dios puso en ti es ser dueño de un hotel. Tal vez pienses, o quizás alguien te diga: "Nunca podrías ser dueño de un hotel; vienes de una familia pobre". ¿Quién te está diciendo que no puedes? Esa es la pregunta. Como los líderes religiosos del tiempo de Jesús, ¿están haciendo más importantes las reglas de los hombres que las leyes de Dios? Debes resolver a cuál vas a seguir: reglas o leyes. A veces nos inventamos reglas para nosotros mismos que no tienen base en las leyes de la vida. Recuerda: ejercer las leyes produce confianza y valentía, no miedo.

A continuación, varias declaraciones de Jesús de Nazaret que podemos aplicar a obedecer leyes y romper reglas:

- *Para el que cree, todo es posible.*[59] Para hacer lo "imposible", debemos creer en las leyes de Dios por encima de las reglas humanas. El éxito empieza ignorando y violando las reglas y limitaciones humanas.
- *Por eso les digo: Crean que ya han recibido todo lo que estén pidiendo en oración y lo obtendrán. Y cuando estén orando, si tienen algo*

59. Marcos 9:23.

contra alguien, perdónenlo, para que también su Padre que está en el cielo perdone a ustedes sus ofensas.[60] Cuando seguimos las leyes del Creador para la vida y las relaciones, podemos tener la certeza de que Él nos respaldará al ejercer el don que ha puesto en nosotros.

- *A ustedes se les ha concedido conocer los misterios del reino de los cielos; pero a ellos no.*[61] Otros tienen sus reglas; tú tienes las leyes del reino. Recuerda que Jesús también dijo: *Te daré las llaves del reino de los cielos; todo lo que ates en la tierra quedará atado en el cielo y todo lo que desates en la tierra quedará desatado en el cielo.*[62] Cada vez que te encuentres con un candado hecho por los hombres, ábrelo. Tienes las llaves, así que sigue abriendo.

Las personas exitosas conocen leyes que abren los candados de los hombres. La gente intentará encerrarte y limitarte. Te dirán que no puedes hacer lo que estás destinado a hacer. Podrían decir: "Nunca podrías ser diseñador de ropa. Hay demasiada competencia". Dios dice: "No; yo te he dado la visión y los dones para ser diseñador de ropa, y te mostraré cómo lograrlo".

Nunca se suponía que yo pudiera hacer lo que estoy haciendo. Violé reglas humanas sobre lo que podía lograr. Así que quiero animarte: ¡rompe algunas reglas!

60. Marcos 11:24-25.
61. Mateo 13:11.
62. Mateo 16:19.

PARTE TRES

INNOVACIÓN, EXCELENCIA Y PROSPERIDAD

10

PROPÓSITO Y PLANES

Puedes hacer todos los planes que quieras,
pero el propósito del Señor prevalecerá.[63]
—Rey Salomón

Conozco por experiencia propia el principio de que tu propósito y tu don te preservarán. Mencioné que nací en una familia pobre. He escrito en otros lugares cómo fue mi infancia, así que quizás conozcas mi historia. Éramos once hijos, y vivíamos en una casa de madera de dos habitaciones en Bain Town, el pueblo más pobre de la isla de New Providence, en las Bahamas. Mi padre y mi madre dormían en un dormitorio, separado del otro por un tabique; mis siete hermanas dormían en camas en la segunda habitación, mientras que mis tres hermanos y yo dormíamos en el piso de madera. Recuerdo sentir a las ratas correr por encima de mi cuerpo durante la noche. También amanecía con el cuerpo cubierto de sangre porque los mosquitos me devoraban en el calor.

63. Proverbios 19:21, NTV.

Cuando llovía, el agua me goteaba encima. Ponía baldes bajo las goteras y tenía que dormir entre los baldes. Tenía un solo par de zapatos para todo el año, y cuando se les abrían agujeros en la suela, les ponía cartón. A veces iba a la escuela descalzo. Sé lo que es comer carne enlatada como cena del domingo y tener un cuello de pollo solo en ocasiones especiales. Así que la pobreza es algo que me es familiar. También crecí conociendo la religión, y aprendí que la religión no ayuda. Por eso hablo del reino. El reino de Dios no es lo mismo que la religión.

Como escribí antes, conocer el reino me enseñó mi propósito. Al perseguir ese propósito y seguir las leyes de la vida, pude ir a la universidad aunque no tenía dinero. La provisión llegó para mí. Mis padres nunca pagaron un centavo por la educación que recibí. De hecho, cuando estaba en la universidad, yo les enviaba dinero a mis padres. Si aún no has descubierto tu propósito, debes encontrarlo. Nadie puede detener a quien conoce su propósito. Y si hoy no estás viviendo conforme a tu propósito, creo que estás leyendo este libro para volver a empezar.

PRINCIPIOS DEL PROPÓSITO

Salomón escribió: *Puedes hacer todos los planes que quieras, pero el propósito del Señor prevalecerá.* En otra traducción bíblica, esta declaración termina con la frase: *Mas el consejo del Señor permanecerá.*[64] Tienes todos estos planes para tu vida… lo que quieres hacer, adónde quieres ir, con quién te quieres casar, qué quieres construir, qué tipo de negocio quieres abrir, etc.; pero Dios dice: "Mira, tengo un propósito para tu vida que te hará estar más pleno y tener más éxito". De la afirmación de Salomón podemos aprender tres cosas:

1. El propósito precede a los planes. Antes de que estuvieras vivo para empezar a hacer planes, Dios ya tenía en mente un propósito para tu vida.
2. El propósito es más importante que los planes. Puede que algunos de tus planes actuales ya estén alineados con el propósito de

64. NBLA.

Dios, pero debes evaluarlos a la luz del propósito y del don que Él te ha dado, y ajustarlos si es necesario.

3. El propósito es más poderoso que los planes. ¿Por qué? Dios dice: "Mi propósito prevalecerá sobre tus planes".

Recuerda que Dios no empieza nada sin antes haberlo "terminado", así que tú ya estás terminado. Tienes grandes sueños dentro de ti porque estás viendo tu final. Las Escrituras dicen que Jesús soportó la cruz —con su crítica, difamación y vergüenza— y cumplió su propósito porque vio su final: *El gozo puesto delante de él.*[65] Se vio a sí mismo sentado en el trono, reinando. Me pregunto qué ves tú. Deja de tenerle miedo. Y deja de tenerte miedo a ti mismo. No te conformes con lo que tienes ahora. Vuelve a tu sueño, ese que no se rinde, el que sigue "prevaleciendo", y al que estás asfixiando con tu ocupación. Como escribí en el capítulo dos, vuelve a ser como un niño y permítete soñar otra vez.

Cuando tenía cuarenta años le dije a mi padre: "Quiero viajar por el mundo y asesorar gobiernos". Mi padre me preguntó: "¿Crees que esto es posible, hijo?". Yo respondí: "Sí". Él dijo: "Entonces no sé cómo, pero debes creerlo". Mi padre compartía la perspectiva de Jacob, el padre de José, cuya historia aparece en la Biblia.

A los diecisiete años, José tuvo dos sueños en los que vio a los miembros de su familia (incluidos su padre, su madre y sus once hermanos) postrándose ante él. En ese momento José era de los más jóvenes de su familia, apenas un pastor cubierto de polvo cuidando ovejas que olían fuerte, pero a través de sus sueños vio su propósito dado por Dios, su "final". No conocía los detalles de ese propósito, y esos detalles tardarían años en desplegarse, pero los sueños apuntaban a su posición como gobernante en Egipto, el segundo solo después del faraón. Cuando José contó los sueños a su padre y a sus hermanos, sus hermanos tuvieron celos y su padre lo reprendió por insinuar que estaría por encima de sus padres y de sus hermanos mayores. Sin embargo, el relato también dice "pero su padre meditaba en todo esto".[66] Jacob no lo desestimó porque

65. Hebreos 12:2 (RVR-60).
66. Ver Génesis 37:1–11.

tenía experiencia con sueños relacionados con los propósitos de Dios. Los buenos padres no matan los sueños de sus hijos, los alimentan.

No te conformes con lo que tienes ahora. Vuelve a tu sueño, ese que no se rinde, ese que sigue "prevaleciendo".

¿ESTO ES LO QUE VISTE?

Déjame pedirte de nuevo que mires con honestidad dónde estás en esta etapa de tu vida. Me imagino que tu sueño no es lo que estás haciendo ahora mismo. Tu trabajo actual no es lo que viste dentro de ti, o no es todo lo que viste. ¿Estoy en lo correcto? Si lo que ahora ves no es lo que viste, entonces lo que ahora ves es solo por un tiempo limitado. Dondequiera que estés, sigue haciendo tu trabajo con excelencia, pero debes decirte a ti mismo: "Este trabajo es solo temporal". En esta sección del libro revisaremos varios principios de éxito para el trabajo y los empleos.

La condición temporal del lugar donde te encuentras ahora se extiende también a otras áreas de tu vida. ¿La casa en la que vives es la que Dios te mostró? ¿El auto que conduces es el que viste? Si lo que ves no es lo que viste, entonces lo que ves es transitorio. Quiero que te sientes en tu casa y digas: "Esta casa es solo temporal". Luego quiero que te sientes en tu auto y digas: "Este es mi transporte temporal".

Incluso si sientes que te va bien económicamente o profesionalmente, ¿percibes que todavía falta algo o que lo que haces está incompleto? ¿Esto es lo que viste cuando crecías? Cuando tenías quince o veinte años, ¿con qué soñabas? (Si esa es tu edad ahora mismo, ¿qué ves?) No te quedes estacionado donde estás. Vuelve a tus sueños. Dios te está diciendo que puedes empezar de nuevo, ¡ahora mismo!

Tal vez soñaste con viajar por el mundo o con dirigir un negocio que ayude a otras personas de alguna manera. Ten en cuenta que Dios solo está obligado a financiar Sus propios programas. Si persigues tu sueño dado por Dios, lo demás (incluidas las finanzas) vendrá por añadidura.

Algunas personas piensan en mí como pastor por la iglesia que fundé. Esa fue una etapa de mi vida, y pastorear es un rol vital, pero es solo una parte de mis sueños. Puede que sea el sueño completo que Dios le ha dado a otros, pero yo tengo muchas más aristas en mis sueños. Estoy involucrado en desarrollar seguidores en líderes y en consultoría. Así que tracé planes para que otros asumieran mis funciones pastorales. Necesitamos ser capaces de soltar cualquier etapa temporal en nuestra vida. Necesitamos seguir desarrollándonos. Haz planes para tu reemplazo para poder pasar a la siguiente fase de tu vida. Eres más grande que quien eres ahora mismo.

No te conformes con lo que tienes ahora. Vuelve a tu sueño, ese que no se rinde, ese que sigue "prevaleciendo".

Pedro pensaba que su labor de vida era pescar peces, pero Jesús de Nazaret se acercó y le dijo: *No temas, desde ahora serás pescador de hombres.*[67] La profundidad y el alcance del propósito de Pedro eran mucho más amplios que su rol como pescador. Se convirtió en uno de los discípulos más cercanos de Jesús y en un gran líder en el reino de Dios.

Piensa en cómo el rey David comenzó. Dios le dijo al profeta Samuel que fuera a la casa de Isaí en Belén porque allí vivía un rey. Samuel debía ungir a esa persona. Así que Samuel fue a Isaí y le dijo: "El Señor dice que hay un rey en esta casa, el próximo rey de Israel". Me pregunto quién puede estar leyendo este libro. Tal vez, dentro de ti, hay un concejal, el presidente del consejo de educación o un alcalde. Ahora mismo trabajas en otra cosa, pero hay un rey en la casa.

Isaí le dijo a Samuel: "Tengo doce hijos". Samuel respondió: "Tráelos a todos". Imaginemos la escena. El primero que sale es un joven alto y de presencia imponente. Pero Samuel dice: "No, ese no es". El segundo

67. Lucas 5:10.

es llamativamente apuesto, pero Samuel: "No, ese no es". El tercero está bien educado. No. El cuarto es musculoso. No. Todos salen luciendo bien, pero no era su propósito ser rey. Después de presentar al hijo número once, Isaí dice: "Bueno, ya están todos. No falta nadie". El profeta responde: "Ninguno de ellos es el rey, pero el Señor dice que hay un rey en esta casa en algún lugar".

Isaí replica: "No tengo más hijos". De pronto añade: "Espera, tengo un hijo menor, pero no puede ser él porque es el más sucio, el más oloroso, el que está allá afuera en el desierto con las ovejas". El profeta dice: "Ve por él y tráelo aquí". Llaman a David, el hijo menor que está con las ovejas; y en cuanto Samuel lo ve, el profeta alarga la mano hacia el aceite. Dice: "Aquí viene el rey".[68] El rey de Israel estaba atrapado en un pastorcito. ¿Eres tú el olvidado de tu familia? Nadie conoce tu grandeza. Puede que estés atrapado en el desierto con las ovejas, pero he venido a verter aceite sobre tu cabeza y a decirle a la gente que no saben quién eres realmente. Pensaron que eras el menor de tu familia y que nunca llegarías a nada, que conseguirías un trabajo y morirías pagando una hipoteca. Dios dice que nada de eso. Eres empresario, escritor, artista, funcionario público, científico, maestro, líder de una organización sin fines de lucro. Hay un rey sentado en tu silla.

Las antiguas Escrituras cuentan la historia de Abraham, quien no comenzó a cumplir su propósito hasta los setenta y cinco años, ¡así que hay esperanza para ti![69] Puedes decirle al Creador que quieres ser lo que Él quiere que seas. Puedes pedirle que te ayude a descubrir quién eres de verdad y a reconectar contigo mismo. No trates de ser como otra persona. Sé tú mismo, sin más imitaciones. Nadie sabe quién eres excepto el Fabricante. De nuevo, aunque puedes buscar sabio consejo de otras personas, no aceptes sin más las opiniones de los demás sobre ti. Libérate de las etiquetas históricas y sociales. Vuelve a encontrarte contigo mismo. Sé como un niño. Cree lo que Dios te mostró para que puedas cumplir tu propósito.

---

68. Ver 1 Samuel 16:1-13.
69. Ver Génesis 12:1-5.

11

¿ESTÁS EMPLEADO O DESPLEGADO?

"No tengas miedo de renunciar a lo bueno
para ir por lo grandioso".
—John D. Rockefeller[70]

Para perseguir tu propósito y tener éxito, debes entender que hay una gran diferencia entre tu empleo y tu obra. Nunca confundas una con la otra.

- Tu empleo es tu habilidad. Tu obra es tu don.
- Tu empleo es lo que la gente te paga por hacer. Tu obra es para lo que naciste.
- Tu empleo es tu carrera. Tu obra es tu asignación de vida.
- Tu empleo te da beneficios. Tu obra te da plenitud.
- Tu empleo te da un salario. Tu obra te da prosperidad.

70. John D. Rockefeller. (s. f.). *John D. Rockefeller quotes*. BrainyQuote. https://www.brainyquote.com/quotes/john_d_rockefeller_119902.

NUESTRA PSICOLOGÍA ECONÓMICA

Para muchas personas, especialmente cuando hay una recesión, el miedo a perder el empleo es una de sus mayores preocupaciones. Quiero hablar de ese miedo porque creo que nuestro concepto de empleo es donde yace el problema. Supón que te despidieron o te redujeron las horas. Si pusiste tu esperanza en tu empleo, sentirás que tu futuro está siendo atacado y que tu medio de vida está amenazado porque corres el riesgo de perder tu auto y tu casa. Pero ningún empleo, en sí mismo, contiene un futuro. El futuro está en la persona que ocupa ese empleo.

Nuestro problema es que nuestra cultura no nos ha entrenado para encontrar nuestro don, sino para encontrar un empleo. Es como si creyéramos que nacimos para estar empleados. Nuestra psicología económica nos ha vuelto dependientes de la idea de tener un empleo. Eso se ha convertido en nuestra maldición, porque un empleo es, en realidad, una oportunidad que alguien más te ofrece. Y si alguien te ofrece una oportunidad, siempre puede retirarla. Si construyes tu vida sobre la oferta de otra persona, estarás tan seguro como lo que esa persona sienta en ese momento, y puede cambiar de parecer en cualquier instante y retirar la oferta.

Puede que te quiten el empleo,
pero nadie podrá quitarte jamás tu obra.

No permitas nunca que una organización o un empleo sean tu esperanza. Por ejemplo, nos dicen: "Aprende una habilidad y postúlate a un puesto". El asunto es que una habilidad es prescindible. Esa habilidad puede quedar obsoleta, o alguien con la misma habilidad puede ser contratado en tu lugar. O si fuiste la última persona contratada, podrías ser la primera en salir si hay despidos. Incluso si llevas años en una empresa, todo empleo es temporal. Por mucho que te elogien y te quieran, debes pensar más allá de tu cargo, porque si a la empresa se le aprieta el dinero o si llegas a cierta edad, podrían decirte adiós.

Por eso es esencial preguntar: "¿Cuál es mi don?" y estudiar a fondo esa pregunta. Porque cuando descubres tu obra verdadera, no temes perder el empleo, sabes que hay vida después de ese empleo. Pueden despedirte de un empleo, pero no pueden despedirte de tu obra. Pueden quitarte el empleo, pero nadie puede quitarte tu obra. Si tu empresa amenaza con despedirte, puedes decir: "Está bien". Pueden quitarte la posibilidad de realizar cierta actividad, pero no pueden quitarte tu capacidad. Pueden quitarte la tarea, pero no tu habilidad.

Si sacaras a un pez de un arroyo y lo pusieras en un estanque, ¿le quitaste su capacidad de nadar? No. El don se fue con el pez, aunque lo "despidieras" del arroyo. Como hablamos en el capítulo tres, tu don es más importante que tu habilidad. Recuerda: cuando dejas un empleo, tu don se va contigo. Aunque tus habilidades puedan ser prescindibles, tu don es permanente. Así que, si alguna vez te despiden o te recortan, recuerda que llevas tu don contigo y que dondequiera que caigas, puedes seguir nadando. Tu empleador no te quitó el don, solo el lugar donde lo estabas usando. Puede que te quiten el empleo, pero nadie podrá quitarte jamás tu obra.

EMPLEO VERSUS DESPLIEGUE

Así que quiero que cambiemos nuestra manera de pensar sobre la meta de la vida: debemos pensar más allá de un empleo. Hay que cambiar la perspectiva y no dejar que el miedo nos controle, libérate del "espíritu de empleo" para encender el "espíritu de obra". Empleo significa que alguien más controla tu vida. Despliegue significa que liberas lo que llevas dentro. El despliegue activa tu don y energiza tu vida. Ten siempre presente que la prosperidad no está en tu empleo; está en tu obra, tu don, tu asignación, para lo que naciste. Así debes pensar: "No nací para estar empleado; nací para ser desplegado".

El empleo es la oportunidad de servir tu don de forma corporativa, o en el contexto de un grupo, dentro de cierta estructura y supervisión.

Pero el despliegue —vivir activamente tu propósito— es descubrir tu don y servir ese don al mundo y a tu generación. Servir nuestro don al mundo también se hace, en última instancia, junto con otras personas. Sin embargo, cuando nos desplegamos, es porque hemos encontrado algo tan gratificante de hacer que iniciamos nuestra propia actividad, y otros son atraídos hacia ella.

Para quienes están empleados, su valor lo determina quien los emplea. Pero quienes se despliegan determinan su propio valor. En este contexto, por "valor" no me refiero a tu valor intrínseco, que siempre tienes por ser imagen y semejanza del Creador, sino a cómo te perciben y cómo te remuneran. Un salario es, en realidad, la opinión de otro sobre cuánto vales. Cuando te despliegas, puedes establecer tu propio valor. Y quienes se despliegan a menudo emplean a otros. Siempre benefician a los demás de algún modo. Si estás cansado de estar solo empleado, enfócate en desplegarte.

CUANDO TU EMPLEO NO COINCIDE CON TU OBRA

Cuando el empleo de una persona no coincide con su obra verdadera, y cuando no entiende su propósito en la vida, eso le causa todo tipo de problemas: infelicidad, insatisfacción, aburrimiento y amargura.

Alguien que está en un lugar donde no debería estar nunca se siente cómodo. Incluso puede sentirse atormentado allí porque no fue diseñado para eso. Un informe señaló que menos de un tercio de los trabajadores en Estados Unidos están comprometidos con su trabajo. "Comprometidos" se define como "aquellos que están involucrados, entusiasmados y comprometidos con su trabajo y su lugar de trabajo".[71] Parece que dos tercios de los trabajadores incluidos en este estudio podrían estar en un empleo donde no pueden convertirse en quienes

---

71. Amy Adkins. (2015, enero 28). *Majority of U.S. employees not engaged despite gains in 2014*. Gallup. https://news.gallup.com/poll/181289/majority-employees-not-engaged-despite-gains-2014.aspx; Jim Harter. (2025, enero 13). *U.S. employee engagement sinks to 10-year low*. Gallup. https://www.gallup.com/workplace/654911/employee-engagement-sinks-year-low.aspx.

realmente son. No es lo que nacieron para hacer. Sus dones verdaderos no están siendo desplegados. Están viviendo fuera de su propósito.

Los empleos de estas personas, en esencia, están asfixiando su don real. Esas personas están limitadas por lo que el empleo les dice que pueden y no pueden hacer. Siempre están esperando que termine la jornada porque se sienten como un ave enjaulada durante ocho horas.

Tal vez tú también vas cada día a un lugar (o trabajas desde casa) en un empleo que no te permite convertirte en quien eres. La "jaula" en la que estás te confina. Una jaula le permite a un ave volar solo dentro de ciertos límites. Sigues siendo un ave, y sigues teniendo la capacidad de volar alto por millas y millas, pero estás en una jaula. Tu capacidad no se fue. Son las restricciones las que te frenan. Te dicen: "Hasta aquí puedes llegar". Podrías quedar atrapado así durante años. Si esta es tu situación, quizás te sientas irritado o desanimado continuamente porque estás en un lugar en el que no quieres estar.

Muchas personas infelices en su empleo pasan años estando meramente empleadas, mientras incomodan a todos a su alrededor con sus quejas, diciendo cosas como: "No sé por qué vengo; este empleo es pésimo". "La gerencia no sabe lo que valgo". "No me entienden". "Odio este lugar". "Debían ascenderme y subir mi sueldo. ¿Por qué no pasa?". "Estoy cansado de estar aquí; quiero irme a casa". Llevan diez años quejándose del empleo... y aun así no se van.

Las quejas pueden venir del hecho de que como su don no está siendo activado, no hay emoción ni energía en su vida; se sienten frustrados y airados. En contraste, es un placer estar cerca de alguien que sí está donde debe estar en tu lugar de trabajo. Está feliz y entusiasmado por estar allí y ayuda a crear un ambiente positivo. Cuando tu empleo está en un lugar donde sientes fluir tu creatividad y tu capacidad de análisis, y donde puedes liberar todos los deseos y dones que hay en ti para desplegar tu don, entonces no puedes esperar para llegar. De hecho, puede ser deprimente que termine el día porque no quieres irte. Una persona que funciona en su don quiere días más largos porque desea seguir haciendo lo que hace.

Si tu empleo te agota, si no es la obra que imaginaste, y si vives mirando el reloj, esperando que el día se acabe, entonces estas son señales claras de que aún no estás en tu obra verdadera. Estás empleado, no desplegado. Lo mismo puede ser cierto si has experimentado cierto grado de éxito en tu empleo, y en general lo disfrutas, pero sientes que tocaste techo: te encuentras inquieto o aburrido por momentos, con la sensación de que hay más dentro de ti que no está siendo aprovechado.

Puede que por eso, al terminar la jornada, te subes al auto y sales corriendo a casa. Te sientes tan libre que lo llamas "estar libre". Quizás deberías llamarlo "estar liberado". ¿Y luego qué haces? ¿Vas directo al sofá y enciendes la TV? Que esa práctica termine. No más horas frente al televisor. Tienes que activar tu don. Vas a acceder a tu semilla escondida, tu tesoro. Cuando te despliegas, sirves tu don natural al mundo, y el mundo te paga por ser tú mismo. ¿Puedes imaginarte que te paguen por algo que te encanta hacer?

Una vez más, te desafío a pensar dónde estás en tu vida y a tu edad actual, seas joven, de mediana edad o mayor. Piensa en tu situación actual a la luz de lo que estás descubriendo en este libro. Pregúntate: "¿Qué está pasando con mi vida? ¿Cuántos años más podría tener para cumplir mi propósito?".

Quizás estás divorciado o viudo, y tu vida está en un punto en el que te dices: "¿Qué se supone que haga ahora?". Dios dice: "Te lo voy a decir: encuentra tu don y sírvelo". Quiero reafirmarte que Dios te creó con un propósito y con una semilla para cumplir ese propósito, y esas son las claves de tu prosperidad, sin importar las circunstancias ni la etapa de la vida en la que te encuentres.

EL TRABAJO NO ES UNA MALDICIÓN

A muchos se les dificulta entender su propósito porque consideran que el trabajo en sí es una carga o una maldición. Esta perspectiva puede venir de una mala interpretación del registro bíblico. Cuando los seres humanos decidieron actuar en contra de la ley del Creador, tuvieron que salir del jardín, y el trabajo se volvió más difícil para ellos.[72] Pero el trabajo no es un castigo de Dios. El trabajo fue establecido al principio de la creación, antes de que los seres humanos fueran contra la ley de Dios. El primer libro de Moisés nos dice que después de crear a Adán, lo primero que Dios le indicó fue trabajar: *Dios el Señor tomó al hombre y lo puso en el jardín del Edén para que lo cultivara y lo cuidara.*[73] La palabra hebrea para "trabajo" es *ergon*, que puede significar "hacer que exista, producir".[74] Algunas versiones bíblicas traducen *ergon* como "cultivar" y "labrar". Dios nos instruyó a trabajar porque fuimos creados para producir. Eso no ha cambiado.

El trabajo fue establecido al principio de la creación, antes de que los seres humanos fueran contra la ley de Dios. Dios nos instruyó a trabajar porque fuimos creados para producir.

Así que el trabajo es una ley establecida en la creación: la ley del trabajo. Cualquier cosa que te impida trabajar está violando esta ley. Si quieres obtener algo gratis o sin esfuerzo, estás violando esta ley. El rey David dijo: *Nunca he visto al justo en el abandono ni que sus hijos mendiguen pan.*[75] Hablamos antes de lo que significa ser "justo": vivir en alineación con las leyes que Dios ha establecido; mantenerse en sintonía con la naturaleza, las prioridades y el estilo de vida del reino. Si te mantienes en línea con las leyes de la creación, no serás un mendigo. El trabajo fue establecido al principio de la creación, antes de que los seres humanos fueran contra la ley de Dios. Dios nos instruyó a trabajar porque fuimos creados para producir.

---

72. Ver Génesis 3:17-19.
73. Génesis 2:15.
74. StudyLight.org. (s. f.). *Interlinear Study Bible: Genesis 2:15*. https://www.studylight.org/interlinear-study-bible/greek/genesis/2-15.html.
75. Salmos 37:25.

LLEGAR A SER, NO SOLO HACER

Jesús de Nazaret dijo: *Mi alimento es hacer la voluntad del que me envió y terminar su obra.*[76] Su "alimento" —lo que sostenía su ser— era hacer la voluntad de su Padre. Eso es vital. ¿Cuál era su obra? La voluntad. ¿A qué se refiere "la voluntad"? A la intención del Fabricante que lo envió. Vemos de nuevo que trabajar es llegar a ser lo que naciste para ser.

Por eso, el éxito no llega por hacer algo, sino por llegar a ser algo. Y ahí es donde se les complica a quienes deciden convertirse en quienes realmente son y hacer crecer la semilla que llevan dentro. El mundo tradicional no tiene espacio para ellos; quiere que trabajen para alguien más. Pero el mundo tendrá que hacerles espacio.

El secreto de mi éxito es que me convertí en lo que Dios me creó para ser. Tú tienes que convertirte en ti mismo. Una vez más: el futuro de tu vida está en tu semilla, en tu don. Cuando te despliegas, creas tu propio entorno y tus propios recursos. Generas tus propios ingresos. Y, otra vez, todo empieza con un cambio de pensamiento. Debes entender que no eres víctima de tus circunstancias ni de las condiciones económicas del momento. Pon más atención a las leyes y principios del Creador que a los reportes de noticias sobre la economía.

Algunas personas tienen múltiples dones, y eso puede hacer más difícil hallar su obra verdadera. La respuesta es decidir en qué don te vas a enfocar. Tienes que elegir uno y concentrarte en él. No quieres ser aprendiz de todo y maestro de nada. Te pagarán por lo que domines. La mayoría no busca "generalistas".

Tú tienes algo que nadie más puede ofrecer. Va a nacer ahí mismo donde estás. Puede que al principio la gente no entienda tu don, pero aférrate a tu sueño. Lo que quieres es estar en un lugar donde puedas convertirte en quien realmente eres y manifestar tu obra. Ese es el objetivo. Y tu obra puede convertirse en tu empleo si haces aquello para lo que naciste.

---

76. Juan 4:34.

¿QUÉ PASA CON LA JUBILACIÓN?

Para muchas personas, en cuanto cumplen sesenta y cinco la empresa para la que trabajan ya empieza a considerarlas fuera de su puesto. A menudo cuanto más tiempo llevas en una compañía, más "caro" resultas porque tu salario es más alto que el de otros. Están buscando jóvenes recién graduados a quienes puedan contratar por menos. Si ese es tu caso, es hora de despertar y pensar más allá del empleo. La solución para tu éxito futuro, a cualquier edad, no está en tu empleo, sino en lo que piensas más allá del empleo.

Pero muchos, en sus cincuenta o sesenta, ya están pensando en jubilarse. Sea cual sea tu edad, es importante ganar una nueva perspectiva sobre la jubilación. Para mí, la mentalidad de jubilación en nuestra sociedad es peligrosa. En tiempos de nuestros bisabuelos, cuando alguien se jubilaba a los sesenta y cinco, a menudo vivía solo unos pocos años más. Hoy, con el aumento de la esperanza de vida, la gente puede vivir en promedio hasta los ochenta u ochenta y cinco. Si te jubilas a los sesenta o sesenta y cinco, te quedan veinte a veinticinco años. ¿Qué harás con un cuarto de tu vida? Necesitas pensar en términos más altos que la jubilación. Si eres joven, tienes la oportunidad de captar este concepto temprano y evitar errores que otros mayores han cometido respecto a sus empleos y su actitud hacia la jubilación.

La idea de la jubilación no está en la Biblia. Es un concepto cultural. No fuimos creados para dejar de trabajar. Nunca se supone que "nos jubilemos"; se supone que terminemos nuestra obra antes de dejar esta tierra. Recuerda cómo definimos obra: llegar a ser lo que nacimos para ser. Si dejas de llegar a ser, dejas de existir. Pablo de Tarso no se jubiló antes de morir; dijo: *He peleado la buena batalla, he terminado la carrera, me he mantenido en la fe.*[77] Jesucristo no se jubiló antes de irse de este mundo; dijo: *Todo se ha cumplido.*[78] Nos vamos solo después de terminar algo.

77. 2 Timoteo 4:7.
78. Juan 19:30.

Puedes jubilarte de tu empleo, pero no puedes jubilarte de tu don ni de tu obra. Nunca he visto a un pez decir: "Estoy cansado de nadar. Me jubilo. No nado más". Ni a un ave decir: "Decidí jubilarme de volar y quedarme en el nido". Ni a una semilla decir: "Me jubilo de dar vida a una planta".

Algunas de las personas que se sienten más miserables en el mundo son quienes están jubiladas. Si te sientes frustrado, quizás es porque no has estado convirtiéndote en ti mismo últimamente. A menudo, quienes viven largas vidas son los que han encontrado algo que aman hacer durante toda su vida. Han encontrado algo que no pueden esperar para hacer apenas se levantan. De hecho, funcionar en tu don es bueno para tu salud. Si tienes una actitud positiva, tu sistema inmunológico puede encontrar fortaleza en ello, lo que potencialmente te protege de enfermar.

Quizás llevas cinco años jubilado y empiezas a rascarte la cabeza diciendo: "¿Por qué me jubilé?". Quiero asegurarte que hay vida después de la jubilación, y todavía tienes futuro. Nunca se supone que "nos jubilemos"; se supone que terminemos nuestra obra antes de dejar esta tierra.

> *Nunca se supone que "nos jubilemos"; se supone que terminemos nuestra obra antes de dejar esta tierra.*

EN EL MUNDO, PERO NO DEL MUNDO

Jesús dijo que debemos estar en el mundo, pero no ser del mundo.[79] En otras palabras, puedes vivir dentro del sistema, pero no permitas que el sistema te convierta en un ave enjaulada. No debes estar controlado por sistemas sociales, culturales o gubernamentales. Pídele a Dios que

79. Ver, por ejemplo, Juan 15:19; 17:14-16.

te muestre la diferencia entre tu empleo y tu obra. Creo que algo bueno va a sucederte cuando descubras tu obra verdadera.

Por lo tanto, nuestra meta en la vida no es estar empleados, sino estar desplegados. Ese es el secreto del éxito. El empleo puede prepararte para el despliegue, pero el despliegue activa tus dones. Es la chispa que te hace levantarte por la mañana. Energiza tu vida.

En el siguiente capítulo, te daré algunas recomendaciones sobre qué hacer cuando tu empleo no coincide con tu don, y cómo hacer la transición de tu empleo a tu obra.

12

TRANSICIÓN DE TU EMPLEO A TU OBRA

"Por mucho, el mejor premio que la vida ofrece es la oportunidad de trabajar duro en una obra que vale la pena".
—Theodore Roosevelt[80]

A menudo necesitamos comenzar empleados mientras descubrimos y desplegamos nuestra obra verdadera. Así que, ¡no renuncies todavía! No tienes que dejar tu empleo de inmediato. Quiero mostrarte cómo aprovechar al máximo el lugar donde estás ahora mismo.

Jesús de Nazaret comenzó teniendo un empleo: fue carpintero, siguiendo la profesión de su padre terrenal, José.[81] Pero su obra fue redimir a la raza humana (enseñarnos las leyes y principios de Dios Padre y restaurarnos a una relación con Él). Cuando Jesús tenía apenas doce

80. Roosevelt, T. (1916). *The key to success in life* (p. 12). New York: Federated Publishing Co. Theodore Roosevelt Digital Library, Dickinson State University. https://www.theodorerooseveltcenter.org/Research/Digital-Library/Record/ImageViewer?libID=o283099&imageNo=5.
81. Ver Mateo 13:55; Marcos 6:3.

años, dijo: *¿No sabían que tengo que estar ocupado en los asuntos de mi Padre?*[82] Ya sabía lo que había venido a hacer. También hizo declaraciones como estas: "Yo hago las obras del que me envió. Mi Padre trabaja; por eso yo trabajo. Vine a completar la obra que mi Padre me encomendó".[83] Jesús hablaba de su obra, no de su empleo. Su obra era cumplir el propósito del Padre celestial. ¿Ya encontraste tu obra?

PREPARÁNDOTE PARA EL DESPLIEGUE

Aunque nuestra meta es el despliegue, el empleo puede prepararnos para desplegarnos. Como escribí antes, cuando vayas a tu empleo, quiero que recuerdes: "Esto es temporal. Voy a usar esta oportunidad para desplegarme". Mantente en tu empleo mientras desarrollas tu don. (Recuerda: incluso podrías encontrar tu obra dentro de tu empleo. A algunos les ha pasado. Por ejemplo, alguien que nació para cantar y ama hacerlo en un grupo musical por el que le pagan no va cada día a un empleo: va a su obra).

Mi consejo es este: mientras estés en tu empleo, aprende todo lo que puedas, porque, en mi opinión, los empleos son oportunidades en las que te pagan por aprender. Además, no empieces necesariamente buscando solo el empleo que encaje con lo que más te gusta hacer. Y no vayas por un empleo solo por el dinero. Más bien, toma el empleo que esté disponible. Mucha gente hoy no quiere un empleo porque espera uno con el "salario correcto". No es el dinero lo que vuelve importante un empleo. Lo que le da significado a un empleo es que te pagan mientras aprendes nuevas habilidades, vives nuevas experiencias y conoces a nuevas personas.

A veces puedes estar en un empleo no principalmente para ganar dinero, sino para forjar relaciones. Hay personas con las que trabajé hace años y esas relaciones permanecieron, aunque luego tomamos rumbos distintos en nuestra obra. Esos vínculos me han ayudado en la vida. Por ejemplo, tuve un empleo en un almacén; uno de mis excompañeros hoy

---

82. Lucas 2:49.
83. Ver Juan 4:34; 5:17; 10:37-38; 14:10.

es gerente de banco, y esa relación me abrió puertas. Cultiva relaciones con quienes te rodean, no con la mentalidad de "¿qué le saco a esta persona?", sino por el enriquecimiento mutuo de la relación, que puede dar fruto para ambos y abrirte puertas en el futuro.

Además, en tiempos difíciles o de crisis (de lo cual hablaremos con más detalle en un capítulo próximo) quizás debas tomar un empleo simplemente para sobrevivir. No es momento de aferrarte al orgullo, fingiendo que todo está bien y sin hacer nada por tu situación financiera al punto de que tus hijos pasen hambre. Hay momentos en los que debes tomar un empleo hasta que puedas retomar tu obra.

Lo que le da significado a un empleo es que te pagan mientras aprendes nuevas habilidades, vives nuevas experiencias y conoces a nuevas personas.

Quienes conocen su propósito y entienden el éxito que llevan dentro trabajarán en cualquier empleo hasta que sea el momento de que su propósito se manifieste. Recuerda que tu empleo no te define. Eres más grande que el puesto que ocupas. Por lo tanto, disfrútalo por ahora. ¿Por qué? Porque solo estás de paso por ese lugar. No es tu destino. Es una ubicación temporal para aprender ciertas habilidades y perspectivas, y te pagan por aprender mientras vas camino a la grandeza. Por eso nunca desprecies un empleo, aun cuando tengas claro que es temporal.

Aprende todo lo que puedas en tu empleo. Hazlo bien, pero no dependas de él. Empieza a encender tu don y a crear tu obra mientras ejecutas tu empleo. Dentro de ti está el lugar más rico del mundo. Como hemos dicho, tu don es una semilla que aún no ha germinado ni se ha liberado, pero está llena de potencial.

VOLVERTE "INDISPENSABLE" EN TU EMPLEO

Mientras estés empleado, aunque no puedas depender por completo de tu puesto para tu seguridad financiera, sí puedes volverte tan valioso para tu empresa, de manera que si hay un apretón económico, seas el último del que quieran prescindir. Puedes hacerte "indispensable" elevando el valor que aportas a tu posición.

¿Cómo te vuelves valioso como empleado? Refinando tu don mientras haces tu empleo y aplicándolo en tantas formas beneficiosas como sea posible, manteniendo una actitud positiva. Vuélvete tan importante para la empresa —invirtiendo en tu propio don—, que no quieran que te vayas. Desde que tengo memoria, en cada empleo que tuve, mi empleador quería que me quedara. El último cargo al que renuncié fue en el gobierno. Renuncié cinco veces. ¿Por qué? Rechazaban mi renuncia diciendo: "No queremos que salgas del sistema porque trabajas con eficacia". Deberías leer alguna vez el libro de Daniel en la Biblia: Daniel se volvió tan valioso que el rey dijo que era un excelente trabajador, y nadie podía deshacerse de él.

Si en tu empresa no pueden esperar a que te vayas, entonces no eres un activo ni una ayuda, sino una carga y un estorbo. Te has convertido en un problema y una molestia, en lugar de una solución. Cuando hay recortes por falta de flujo de caja, a menudo el primero en salir es quien provoca todos los problemas. El empleador casi se alegra del bache fiscal porque por fin tiene una excusa para despedir a esa persona. Saben que si lo necesitan, contratarán a alguien más con las mismas habilidades y mejor actitud.

De hecho, la clave de la prosperidad es resolver problemas. Te retienen por los problemas que resuelves. Te sueltan por los problemas que creas. Cuando me preguntan cómo estoy, respondo: "Soy una solución, no un problema".

Debes decirte a ti mismo: "Resuelvo problemas; por eso soy valioso". Debes saber encontrar problemas para resolver ¡y resolverlos! Si buscas un empleo o quieres mejorar tu posición en la empresa, busca un problema que resolver. Cuando lo encuentras y lo solucionas, es muy probable que te paguen por ello. Si te vuelves indispensable para las personas sirviendo tu don con calidad y aumentando tu valor para ellas, no querrán dejarte ir. Usa cada empleo que tengas para afinar tu obra.

DESARROLLAR TU OBRA

¿Cómo desarrollar tu obra verdadera mientras estás empleado? Cultiva la mentalidad de productor y aprovecha con intención el tiempo que te pertenece.

CONVIÉRTETE EN PRODUCTOR

La declaración más importante que leí en la Biblia para liberarme de la idea de "necesitar un empleo" o de buscar solo empleo es esta del sabio rey Salomón en Eclesiastés 11: *Lanza tu pan sobre el agua; después de algún tiempo volverás a encontrarlo.*[84] Salomón está hablando de negocios. "Lanza tu pan sobre el agua" se refiere a volverte exportador, y "volverás a encontrarlo" se refiere a dividendos. Habla de obtener rendimiento de la inversión. Se supone que produzcamos y exportemos lo que producimos. Mucha gente solo consume en lugar de producir. Los productores piensan; los consumidores acaparan. Necesitamos pensar en ideas e inventos y despertarlos dentro de nosotros.

Salomón también dijo: *Comparte lo que tienes entre siete, y aun entre ocho, pues no sabes qué calamidad pueda venir sobre la tierra.*[85] Es lo mismo que decir: "No pongas todos los huevos en la misma canasta". Veremos más de esto en el próximo capítulo, cuando hablemos de cómo prosperar en tu dominio. Pero aquí un adelanto: supón que alguien es barbero y solo corta cabello. Debería ir más allá del corte en sí, por si su negocio principal se desacelera o por algún motivo no puede usar su habilidad por un tiempo. Por ejemplo, podría vender una línea de productos para el cabello y otros artículos que haya investigado, de buena calidad y con alta demanda. Si alguien es carpintero, podría diversificar hacia sumi-

84. Eclesiastés 11:1.
85. Versículo 2.

nistrar madera a constructores o importar muebles. Seguirían operando dentro de sus dones (estilizar, mantener y mejorar el cabello; trabajar la madera para crear piezas bellas y funcionales), mientras amplían el alcance de sus servicios y productos. Son ejemplos sencillos para mostrar las posibilidades de diversificar.

Necesitamos pensar en ideas e inventos y despertarlos en nuestro interior.

Salomón continúa: *Quien vigila al viento no siembra; quien contempla las nubes no cosecha.*[86] "Vigila al viento" alude a quienes esperan condiciones ideales o "suerte". Dudan en salir a trabajar y por eso nunca cosechan. Puede que nunca haya "condiciones ideales", así que debemos sembrar activamente si queremos cosechar. Necesitamos pensar en ideas e inventos y despertarlos en nuestro interior.

"ÉXITO DESPUÉS DE LAS 5 P. M."

Salomón añadió lo siguiente:

> *Así como no sabes por dónde va el viento ni cómo se forma el niño en el vientre de la madre, tampoco entiendes la obra de Dios, el Creador de todas las cosas. Siembra tu semilla en la mañana y no te des reposo por la tarde, pues nunca sabes cuál siembra saldrá mejor, si esta o aquella, o si ambas serán igualmente buenas.*[87]

¿Sembrar cuándo? Por la mañana. ¿Y qué hacer por la tarde? No dejar que tus manos estén ociosas. Este es de los mejores consejos que he oído. Debemos prestar atención a estas palabras sabias. Aplicación: "Ve a tu empleo por la mañana y, cuando salgas, sigue trabajando". Trabaja tu habilidad durante el día y trabaja tu don después.

---

86. Versículo 4.
87. Versículos 5-6.

Cuando tienes un empleo, la única vida que "posees" es después de las 5 p. m. Durante el día, mientras cumples tu empleo, no puedes leer libros para ampliar tu conocimiento relacionado con tu don ni experimentar con ideas. Las horas entre 8 a. m. y 5 p. m., o cualesquiera que trabajes, pertenecen al don de otra persona. Tu empresa te dice cuándo llegar, adónde ir, qué hacer, a qué hora almorzar, cuándo termina la jornada, etc., y por tanto controla tu día entero. Esto significa que aunque debes procurar aplicar tu don a tu empleo para volverte indispensable, principalmente creces en tu don en tu propio tiempo. Fuera de horario, y el fin de semana, ese tiempo pertenece por completo a tu don. Así que entrega tu habilidad a tu empleador a las 8 a. m., y libera tu don a las 5 p. m. Esta es una gran clave de éxito y prosperidad.

Quiero animarte: lo que haces ahora no se compara con lo que podrías hacer. Hay vida después del empleo. Yo lo llamo "Éxito después de las 5 p. m." o "Éxito después del atardecer". Trabaja con constancia en desarrollar tu don. Mi organización se construyó después de las 5 p. m. En ese tiempo yo tenía un empleo diurno, y quienes me ayudaron también. Nos reuníamos después de terminar y trabajábamos hasta las dos de la mañana para establecerla.

Entrega tu habilidad a tu empleador a las 8 a. m., y libera tu don a las 5 p. m. Esta es una gran clave de éxito y prosperidad.

Muchos exitosos empezaron encendiendo su don mientras otros dormían. Yo probablemente trabajo más mientras otros duermen que ellos cuando están despiertos. Claro, todos necesitamos descanso, y cada uno tiene responsabilidades que cumplir, pero observa lo que Salomón dijo en un proverbio sobre "amar" el sueño: *No te des al sueño o te quedarás pobre; mantente despierto y tendrás pan de sobra.*[88] Nuestra

88. Proverbios 20:13.

cultura dice: "Llega a casa y descansa; te lo mereces. Relájate y mira TV". El Manual del Fabricante dice: "Que tus manos no estén ociosas". Cualquier empresario exitoso te dirá lo mismo que el Manual. Muchos creen que quieren emprender, pero no conocen el compromiso que demanda; la ociosidad no cabe allí. Quienes tienen éxito asumen ese compromiso porque encontraron algo más importante que un empleo.

Fíjate también en la segunda parte de la declaración de Eclesiastés: *Siembra tu semilla en la mañana y no te des reposo por la tarde, pues nunca sabes cuál siembra saldrá mejor, si esta o aquella, o si ambas serán igualmente buenas.* Puedes tener un trabajo después del trabajo o en el fin de semana, y ambos juntos pueden generar un buen ingreso. E incluso puedes trabajar hasta quedarte sin empleo: tu obra puede volverse tan poderosa que ya no necesites tu empleo.

Otro dicho sabio de Salomón: *La dádiva del hombre* (el don) *le ensancha el camino y le lleva delante de los grandes.*[89] No dice: "La educación del hombre...". Puedes tener un doctorado y seguir sin dinero, porque un doctorado por sí solo no te hace próspero. Hay doctores que han sido contratados por quienes abandonaron la escuela. ¿Por qué? Porque el que no tenía doctorado tuvo una idea, y al actuar sobre ella, le trajo prosperidad. Soy, por supuesto, partidario de la educación, pero no es tu educación la que te pone delante de los grandes: es tu don.

Por eso solo asistir a la universidad no te hace exitoso. No vas a la escuela para obtener tu don. La educación puede refinarlo, pero no puede dártelo. Tu don fue colocado dentro de ti por el Fabricante. Así que permite que germine esa semilla-don.

¡PREPÁRATE PARA LA PRUEBA!

Al entrar en tu obra verdadera, recuerda que todo don será probado para verificar su autenticidad. Cuando empiezas a liberar tu don, prepárate: se desatará el caos. Cuando decides dejar de ser empleado para convertirte en desplegado, todos tus "enemigos" se despertarán. Debes estar listo para la lucha y mantenerte enfocado. La prueba viene para

89. Proverbios 18:16 (RVR-60).

demostrar tu dedicación y tu compromiso con tu don. Así funciona la vida.

Debes saber que, cuando empieces a desplegarte y a trabajar tu don fuera de horario, tal vez tus familiares o amigos te digan: "¿Qué estás haciendo?". Les responderás: "Estoy trabajando en mi don", y puede que te digan: "¿De qué hablas? Mejor ve a descansar. Trabajas todo el día". Intentarán disuadirte. Aun así, una visión probada terminará siendo confiable. Cuando empecé a trabajar en mi sueño, ningún miembro de mi familia me entendía. Pero todos terminaron apoyándome, y algunos incluso hoy trabajan conmigo.

Quizás tu visión está siendo probada ahora mismo. Te cuesta seguir porque nadie más hace lo que tú haces. Te preguntas por qué es tan difícil. Tienes que levantarte a las cinco para sostener el ritmo. Estás en un empleo y, al mismo tiempo, trabajas en tu sueño, porque sabes que tienes que seguir. Debes pagar cuentas, pero a la vez tu don se encendió. Habrá pruebas, sí; pero aquí va la buena noticia: las pruebas no vienen a destruir tu don, sino a demostrarlo. Sigue adelante.

DALE A TU SEMILLA EL AMBIENTE CORRECTO

Puedes tener buena semilla y aun así estar en escasez si tu semilla no está en el ambiente correcto. Ya mencioné que si pones un grano de trigo sobre un piso de baldosa y lo dejas ahí veinte años, la planta de trigo seguirá dentro de la semilla. Está en el ambiente equivocado para germinar y crecer. De modo similar, si pasamos el tiempo con las personas equivocadas, los libros equivocados, los programas equivocados y las ideas equivocadas, nos estamos colocando en el ambiente equivocado para que nuestra semilla crezca y dé fruto.

Yo elijo a mis amigos con mucho cuidado. Tengo muchas personas alrededor, pero muy pocos amigos. Para mí, los amigos son fertilizante para mi vida y para mis sueños. Las personas equivocadas en tu vida pueden ser asesinas de sueños. Así como tu familia quizás no te entienda, tus amigos y conocidos pueden decirte que es irreal hablar de un sueño, una visión y una semilla por sembrar. Cuando terminan contigo, vuelves a tu vieja manera de pensar. Debes darle a tu mente y a tu corazón el ambiente correcto pasando tiempo con gente de visión y leyendo, viendo y pensando en cosas que apoyen el despliegue de tu don.

¿Sientes que has estado en una sequía en tu empleo tanto tiempo que ya no queda nada significativo por hacer? ¿Has respondido a las responsabilidades de la vida apartando todos tus sueños? ¿Crees que eres demasiado mayor para cultivar tu don? ¿Alguien te ha insinuado que tus días de aportar al mundo ya pasaron? No permitas que el desánimo o el cansancio te hagan renunciar. Lo que necesitas es el ambiente correcto, y tú puedes cultivar ese ambiente para dar a luz lo que está dentro de tu semilla. No dejes que nadie —ni siquiera tú mismo— te dé por descartado. Vuelve a perseguir tu propósito. Te conducirá a tu éxito.

¿QUÉ ES MÁS IMPORTANTE?

Mencioné antes que tu obra puede convertirse en tu empleo si encuentras tu obra dentro de tu empleo. Puede que cada día conduzcas o teletrabajes hacia un lugar de trabajo donde en realidad usas tu don y cumples tu propósito. Si tienes un empleo en el que estás llegando a ser quien eres, entonces no estás "trabajando un empleo": estás "yendo a tu obra".

Pero si tienes un empleo en el que no puedes desarrollar —o no del todo— tu semilla, debes llegar al punto en que tu don sea más importante para ti que tu empleo. Cuando veas que hay vida más allá de tu carrera, más allá de tu habilidad, entrarás en tu obra verdadera, y te convertirás en agente de innovación y de cambio positivo en tu generación.

13

CUATRO ESTRATEGIAS PARA EL ÉXITO EN TU DOMINIO

¡Sean fructíferos y multiplíquense; llenen la tierra y sométanla…!
—Génesis 1:18

En este capítulo vamos a concentrarnos en cuatro principios del propósito del Creador para nuestra prosperidad y éxito, principios que podemos aplicar a nuestro dominio de dones. Yo lo llamo "el plan económico de Dios".

LA CAPACIDAD DE PRODUCIR

Empecemos abordando cómo sabemos que Dios quiere que prosperemos, porque a veces la gente duda de esto. Para responder, veamos el siguiente pasaje del Manual del Fabricante:

> *Ten cuidado de no decirte a ti mismo: «Mi fuerza y mi propio poder han obtenido esta riqueza para mí». Más bien recuerda al SEÑOR tu Dios, porque él es quien te da el poder para obtener riqueza,*

cumpliendo así como lo está haciendo hoy, el pacto que les prometió a tus antepasados. (Deuteronomio 8:17-18, PDT)

Miremos de cerca estas afirmaciones. Primero, el gran líder Moisés dijo al pueblo que guiaba: *Más bien recuerda al SEÑOR tu Dios, porque él es quien te da el poder para obtener riqueza.* Esta declaración nos dice cómo llegar a ser prósperos. La riqueza no "viene de Dios" en el sentido de que Él nos entregue dinero en la mano. Léelo con atención. ¿Qué nos da Dios? "La capacidad de producir". En el capítulo anterior empezamos a hablar de ser productores mientras desarrollamos nuestro don. El Creador nos ha dado una capacidad innata para generar riqueza. En consecuencia, la riqueza proviene de encontrar nuestra capacidad para producir algo. Cuando producimos, creamos algo, resolvemos algo o expresamos algo. Por lo tanto, Dios nos dio habilidades, junto con leyes que, si se ponen en práctica, resultan en prosperidad. Por eso, en esencia, Él dice: "Para tener éxito, ve y encuentra tu don, tu capacidad para prosperar".

En segundo lugar, Moisés advirtió sobre cómo pensar respecto a la prosperidad: *Más bien recuerda al SEÑOR tu Dios, porque él es quien te da el poder para obtener riqueza.* Dios no está en contra de que prosperemos. Solo quiere que recordemos y respetemos de dónde proviene esa riqueza y que la usemos sabiamente.

NACISTE PARA TENER "DOMINIO"

En el primer libro escrito por Moisés en las Escrituras hebreas encontramos cuatro estrategias específicas para ser productores usando la semilla que llevamos dentro. Toda empresa exitosa del mundo usa estas estrategias: son el sistema que el Creador estableció para mostrarnos qué debemos hacer a fin de triunfar en nuestro propósito y nuestros dones. Estas estrategias están en el corazón del proceso por el cual expresamos nuestra obra verdadera al mundo.

Antes vimos cómo Dios dijo: *Hagamos al hombre a nuestra imagen, conforme a nuestra semejanza.*[90] Inmediatamente, en el mismo versículo sigue esta declaración de propósito: *Y tenga potestad… sobre toda la tierra.* El relato bíblico nos muestra cómo Dios llevó a cabo Su plan: *Y creó Dios al hombre a su imagen, a imagen de Dios lo creó; varón y hembra los creó.*[91] Dios dio a hombre y mujer las mismas instrucciones: tener potestad, es decir dominio. Ahora bien, Dios es bueno: Él conoce a quienes ha hecho y por qué los hizo, así que también les dice cómo ejercer su propósito de dominio.

Luego leemos: *Los bendijo Dios y les dijo…*[92] Quiero enfatizar que aquí Dios está comunicándose. ¿Con quién? Con los seres humanos. ¿Qué les dice? Nos da instrucciones para seguir:

> *Fructificad y multiplicaos; llenad la tierra y sometedla; ejerced potestad sobre los peces del mar, las aves de los cielos y todas las bestias que se mueven sobre la tierra.*

Estas declaraciones nos dan las siguientes instrucciones esenciales para tener éxito al ejercer nuestro don innato:

1. Fructificar
2. Multiplicarse
3. Llenar (o reponer)
4. Someter

Tener potestad o dominio significa impactar el entorno con tu don. Esto implica que naciste para "ejercer potestad" o "tener dominio sobre" o "dominar" un área de la vida por la que la gente estará dispuesta a pagarte, de modo que puedas estar pleno personalmente y próspero financieramente. Cuando ejerces ese dominio, la gente acudirá a ti deseando lo que tienes para ofrecer. Veamos cómo sucede.

---

90. Génesis 1:26 (RVR-95).
91. Versículo 27 (RVR-95).
92. Versículo 28 (RVR-95).

En las instrucciones de Dios, el verbo "fructificar" no se refiere específicamente a tener hijos. Significa producir algo. En hebreo, expresa la idea de dar a luz, ramificarse o rendir incremento. En la Escritura está consistentemente ligado al poder vivificante de Dios.[93]

Tener potestad o dominio significa impactar el entorno con tu don.

El Creador no dijo que fuéramos "semilleros". ¿Por qué? Porque ya asume que tenemos semilla dentro porque Él la puso ahí. En cambio, nos dijo: "sed fructíferos". Tu semilla ya está en ti, y tiene vida en sí; tienes la capacidad de producir el fruto del cual se supone que prosperes. ¿Qué es el fruto? Es "producto". Cuando un árbol da fruto, es la evidencia de que lo que estaba dentro del árbol ahora se manifiesta.

Ahora bien, ¿puede una sola pieza de fruto hacernos prósperos? No. Dios dice: "Ve al siguiente nivel: multiplica". Supón que tengo muchas cajas llenas de fruto en un edificio de mi huerto. ¿Sería próspero? No; tendría mucho fruto, pero seguiría sin dinero si no lo vendo. Así que multiplicar tampoco es suficiente. Debemos ir al tercer nivel: *llenar/reponer.*

Reponer/llenar se refiere a distribuir nuestro producto o servicio. Pero aun si distribuimos, puede ser que llegue solo a un número limitado de personas, así que debemos hacer algo más para que nuestro don se vuelva próspero: pasar al cuarto nivel: *someter.*

En este sentido, el mandato "sometedla" significa controlar el mercado. Es decir, cuando empieces a distribuir tu producto u ofrecer tu servicio, debe volverse prominente en el mercado, de modo que, cada vez que la gente piense en esa necesidad, piense en ti.

93. Bible Hub. (s. f.). *6509. parah.* Topical Lexicon. https://biblehub.com/hebrew/6509.htm.

CONVERTIRTE EN EL REFERENTE DE LA GENTE

Tomemos un ejemplo sencillo de cadenas internacionales de comida rápida. ¿Por qué son especialmente conocidas? Por sus hamburguesas "de la casa". ¿Se puede comprar una de esas hamburguesas en cualquier tienda? No. Ni siquiera en casa se puede recrear exactamente el sabor: puedes comprar carne molida, cebolla, pan y todo lo demás, y aun así no te queda igual. ¿Por qué? Porque la empresa refinó su receta y usa un sistema específico para preparar sus hamburguesas y sus salsas. De manera similar, debes refinar tu don para volverlo distintivo.

Ahora bien, crear esas hamburguesas distintivas por sí solo no hizo prósperas a esas compañías. Tuvieron que encontrar la manera de multiplicarlas (y sus otros productos), de modo que la misma comida se hiciera según el mismo sistema en cada restaurante. Capacitaron a su personal para mantener la consistencia. Luego, para distribuir su comida a un público amplio, establecieron franquicias.

Las franquicias se han vuelto tan extendidas que han sometido el mercado de su hamburguesa característica. Si quieres un tipo específico de hamburguesa, pasas de largo los demás locales y vas al que la ofrece. Cada cadena tiene especialidades que hacen que sus clientes la prefieran sobre las demás.

Si tienes un negocio o vendes un producto o servicio, ¿la gente va específicamente contigo para obtener lo que quiere? Jesús de Nazaret dijo: *El que quiera hacerse grande entre ustedes deberá ser su servidor y el que quiera ser el primero deberá ser esclavo de los demás, así como el Hijo del hombre no vino para que le sirvan, sino para servir y para dar su vida en rescate por muchos.*[94] Si quieres ser grande, sirve tu don al mundo. Si quieres ser primero, vuélvete "esclavo" de tu don, trabaja duro en desarrollarlo. En este contexto, ser "primero" significa que eres la primera persona en la que la gente piensa cuando quiere lo que tu producto o servicio ofrece.

Recibo invitaciones para hablar de todo el mundo, y a veces me pregunto: "¿Por qué me invitan a mí si hay tantos otros a quienes podrían

---

94. Mateo 20:26-28.

invitar?". La respuesta es que desarrollé un "producto de autor" que sienten que no pueden encontrar en otro lado. Hace algunos años me llamó T. D. Jakes y me dijo: "Mire, Dr. Munroe, estamos en una reunión aquí en Dallas planificando un crucero de liderazgo, y el primer nombre que salió fue el suyo".

Jamás me he autoinvitado a hablar, ni a una empresa, ni a una universidad, ni a una organización, ni a una iglesia. La gente buscó el fruto que yo producía y me invitó. No te enseño algo que yo mismo no haya hecho. No soy diferente de ti. Pero nadie me enseñó este principio: tuve que descubrirlo, y quiero transmitírtelo porque deseo lo mismo para ti. Quiero ayudarte a encontrar tu especialidad, ese producto o servicio que llamará la atención en el mercado para que puedas tener éxito. Produce un fruto por el que la gente tenga que venir a ti.

La persona que llega a ser exitosa y próspera es aquella a la que todos quieren o necesitan acudir para lograr algo. ¿Por qué vas al dentista para una limpieza o para un dolor de muelas? Porque tu dentista se hizo valioso para ti al dominar procedimientos que necesitas y no puedes hacer por tu cuenta. ¿Por qué vas a un médico y le das tu dinero, sin importar la economía? Porque tu médico se hizo valioso al especializarse y resolver tus necesidades. ¿Por qué llevas tu dinero a un abogado? Porque tu abogado refinó su don para cubrir tus asuntos legales.

> *¿La gente procura ir específicamente a ti por tus bienes o servicios para obtener lo que quiere?*

Si tu auto se descompone, tu mecánico tiene el conocimiento técnico para repararlo y te dice: "Te lo dejo en quinientos dólares". Tú respondes: "¿¡Quinientos!?". Él replica: "Conozco las leyes de la mecánica; si quieres que funcione, cuesta quinientos". ¿Cuál es la diferencia entre tú y tu mecánico? Que él tiene el conocimiento y la habilidad; tú no.

Cuando desarrollas tu don hasta volverlo distinto, ofreciendo algo que la gente necesita o desea, puedes fijar tu propio valor por manifestar ese don.

Aquí van dos preguntas clave: ¿Por qué debería ir contigo por tu don? Como respondas me dirá si tendrás éxito. Y la más difícil: ¿Por qué debería darte mi dinero a ti? ¿Qué has refinado que me haría buscarte y pagar por tu producto o servicio? Debes asumir que muchos quizás ya hacen algo parecido a lo tuyo (o a lo que quieres hacer), así que no puedes hacerlo exactamente igual. Ellos tienen su forma; tú tienes la tuya. Pero así como un restaurante ofrece comidas que no se pueden imitar y por eso hay que ir a ese restaurante, encuentra cómo hacer diferente tu producto o servicio. Cuando sea único y puedas distribuirlo eficazmente, tendrás "dominio".

A medida que fructifiques y multipliques tu fruto, considera esto: cuando un árbol da fruto, nunca es para el árbol. Nunca he visto a un árbol comerse su propio fruto, ¿tú sí? De igual modo, la semilla dentro de ti contiene el potencial de fruto, pero cuando el fruto se produce, su destino primario no eres tú, sino otros. Sin embargo, debes manifestar ese fruto para que otros lo vean y acudan a ti. Los árboles no llevan su fruto a las personas. Cuando un árbol fructifica, los cosechadores son atraídos. El árbol produce y los clientes encuentran el árbol porque quieren lo que el árbol ofrece. Es el fruto que produces lo que atrae y retiene la atención de la gente.

¿La gente procura ir específicamente a ti por tus bienes o servicios para obtener lo que quiere?

FORMAS DE "SOMETER" EL MERCADO

¿Cómo aplicamos con más precisión las cuatro estrategias para ejercer el dominio? Aquí tienes maneras de triunfar en tu dominio y "someter" el mercado mientras das fruto por medio de tu don. Estas pautas sirven tanto para producir/distribuir bienes como para ofrecer servicios.

AÑADE VALOR/OFRECE ALGO EXTRA

Hay muchas formas de agregar valor a la experiencia del cliente: con un producto específico, un artículo de cortesía, un ambiente particular, etc. ¡Sé creativo! Vale la pena el esfuerzo. Asegúrate de mantener la calidad de tu servicio principal mientras das ese "algo extra". Si eres chef y dueño de un restaurante, podrías vender tu salsa de especialidad a quienes quieren llevarse a casa un poco de tu cocina. O si vendes zapatos y hoy ofreces solo el intercambio básico de zapatos por pago, busca cómo añadir valor a tu tienda. Por ejemplo, podrías ofrecer café caliente recién hecho a cada cliente, con un rincón acogedor para sentarse y disfrutarlo. Es un pequeño ejemplo de valor agregado. Si cuidas la preparación del café y les gusta, correrá la voz: "Cuando vayas a esa tienda, te sirven un café buenísimo". Estás creando un entorno al que la gente quiere ir.

SÉ ÚNICO

Hablamos de asegurarte de que tu producto o servicio sea distinto. Hay algo con lo que naciste que otros no tienen como tú lo tienes. Ofréceles algo que nadie más pueda darles y hazlo tu especialidad. Enfócate en un área concreta de necesidad para que te busquen. Si eres estilista, vuelve especial tu servicio: fórmate más, estudia nuevas técnicas y estilos, y luego comunícalo: "Soy la única persona en la zona que usa esta técnica y puede ofrecer estos estilos nuevos".

Si eres carpintero, concéntrate en un área que disfrutes, por ejemplo, gabinetes, y di: "Me especializo en gabinetes a medida". Así destacas entre otros carpinteros. Si solo dices "soy carpintero", te compararán con todos los demás; pero si eres experto en gabinetes a medida, te vuelves valioso y relevante porque refinaste tu don. O si quieres abrir un restaurante —un negocio exigente—, recuerda que mucha gente no compra solo un sándwich: compra una experiencia. ¿Por qué deberían ir al tuyo? Piensa qué puedes ofrecer que sea único y valioso.

Ya conté la historia de una mujer que sintió que Dios la guiaba a abrir una zapatería: esa era su visión. No abrió una tienda general, sino una especializada en calzado para bebés y niños. Desarrolló una de las más grandes de Nueva Jersey. La gente va desde varias partes del estado. ¿Por qué? Su tienda es única. Cuando muchos piensan en calzado infantil, piensan en su tienda.

Una vez, mi esposa y yo estábamos en Montecarlo y entramos a una tienda de ropa. Al entrar, vi que la alfombra era gruesa y blanca, en otras palabras, no entres con zapatos sucios. Un asesor nos recibió: "Pasen, por favor, tomen asiento". Nos sentaron en una mesa de vidrio y nos sirvieron té y galletas. Aunque era una tienda de ropa, no había ropa a la vista: estaba escondida arriba.

Qué tienda. Solo habíamos ido por ropa, pero ofrecían una experiencia única. Después del "ágape", dijeron: "Suban a ver nuestras mercancías". Arriba, todo estaba en pequeños salones privados. La etiqueta de un vestido decía 28 000 dólares. Un bolso pequeño, 5500 dólares. Le dije a mi esposa: "Me trajiste a la tienda equivocada, ¡pero ya nos tomamos el té y comimos las galletas!". Sentimos que debíamos comprar algo. Dije: "Ahora, ¡lo más barato!". Encontramos un cinturón de 400 dólares. "Sí, ese cinturón se ve bien".

Mi punto: la tienda era única. Por eso hay gente que vuela desde todo el mundo para comprar un solo vestido. Ganan miles con un vestido porque no venden solo vestidos: venden la experiencia del glamur.

Tu unicidad te vuelve valioso, así que ofrece algo que sea tuyo. Y aunque diversifiques tus productos o servicios, asegúrate de que cada oferta sea un artículo o experiencia especializada y única.

OFRECE CALIDAD

A veces, la calidad por sí sola basta para destacar. Muchos clientes quieren productos bien hechos y duraderos y están dispuestos a pagar por ellos. ¿Cuál es la calidad de tu producto? ¿Satisface lo que buscan tus clientes o potenciales clientes?

CUIDA LOS DETALLES

La atención al detalle es buena para el negocio. Si tienes una tienda, piensa cómo hacer más atractivas tus exhibiciones. Descubre qué les gusta a tus clientes y personaliza el producto o servicio. Si pones música ambiental, verifica si el estilo es el que tus clientes quieren oír mientras compran. Haz especial y atractivo cada aspecto de la experiencia. Eso hará que vuelvan.

ENFÓCATE EN UN BUEN SERVICIO

No intentes escatimar ni seas descuidado al tratar con la gente. Hazles saber que te importan ellos y lo que buscan en ti. Cuando ofreces un servicio genuino, el juego cambia para tu negocio.

IDENTIFICA LAS NECESIDADES DE LA GENTE

Descubrir qué necesita la gente te permitirá ser un buen líder de negocio. Las necesidades cambian con el tiempo. Si alguien te dice que no estás haciendo algo o no estás cubriendo una necesidad, tómalo en serio y evalúa si tiene mérito. Siempre habrá quien se queje por quejarse, pero otros expresarán necesidades reales que sí puedes remediar.

> *Recuerda que naciste para resolver un problema.*
> *De ahí surgen las ideas de negocio.*

INTERÉSATE GENUINAMENTE POR LAS PERSONAS

Evita centrarte en el mero "hacer dinero". Interésate de verdad por tus clientes. Si haces eso, ellos se interesarán por ti y por lo que ofreces.

Recuerda que naciste para resolver un problema. De ahí surgen las ideas de negocio. Un negocio es, simplemente, una manera de resolver problemas o satisfacer necesidades. Muchos no buscamos soluciones:

buscamos problemas para quejarnos; pero los potenciales negocios están por todas partes porque los problemas están por todas partes. La primera vez que vi una silla de masajes en un aeropuerto fue en Asia. Pensé: "Aquí empezó algo". Hoy, casi todos los aeropuertos las tienen. ¿Por qué? Porque viajar tensa los músculos y la gente necesita relajarse. Alguien reconoció ese problema y pensó: "Puedo solucionarlo", y lo convirtió en un negocio rentable.

Así que, mientras piensas en tu don, piensa en problemas por resolver y en cómo tu don se conecta con una solución. Estudia los problemas a tu alrededor. Pasa un día entero recorriendo tu ciudad buscando problemas. Te sorprenderás de lo que verás. Al mismo tiempo, escucha las quejas, porque cada queja es también un posible negocio. Se te dio la capacidad de resolver un problema, y creo que quien resuelve problemas puede llegar a ser próspero.

14

RESPONDIENDO A TIEMPOS DESAFIANTES

"Si hay un rayo de esperanza en los malos tiempos, es este: cuando enfrentamos desafíos severos, nuestra mente suele estar en su punto más agudo. Los seres humanos rara vez han creado algo de valor perdurable a menos que hayan sido probados o hayan sufrido".

—Jon Huntsman Sr.[95]

¿Cómo respondemos a tiempos desafiantes —cuando la vida nos golpea por sorpresa y no esperábamos que las cosas salieran como salieron, cuando todo parece desmoronarse a nuestro alrededor— para seguir avanzando en nuestro camino hacia el éxito? Tal vez has vivido uno de estos escenarios o algo parecido:

- Sientes que el sistema te ha dejado de lado, sin consideración por ti como individuo.

95. J. M. Huntsman, *Winners never cheat: Even in difficult times* (Upper Saddle River, NJ: Pearson Education, Inc., 2014), p. 6.

- No alcanza el dinero a fin de mes para cumplir con tus obligaciones.
- Has perdido por completo tu fuente de ingresos, tu casa, tu auto, y sientes que también has perdido la cordura.
- Tu empresa cerró o tu negocio se vino abajo.
- Estás enfrentando una enfermedad, y las facturas médicas están erosionando las finanzas de tu familia y tu capacidad de dejar una herencia.

Una crisis es una situación o un acontecimiento que nos afecta a nosotros y a nuestro entorno y por el cual resultamos victimizados. En el mundo natural, consideramos que un huracán, un tornado, un tsunami o una tormenta de nieve es una crisis porque es una circunstancia que no causamos y sobre la cual no tenemos control directo. Del mismo modo, enfrentamos crisis en la vida que no causamos y que no podemos controlar directamente. En pocas palabras, una crisis es un cambio no planificado e incontrolable.

Hay ocasiones en que nos generamos una crisis. Tal vez administramos mal nuestros fondos, comprando cosas que no podíamos permitirnos y no necesitábamos. Gastamos más de lo que ingresamos y ahora estamos endeudados: esa es una consecuencia natural de nuestra violación de una ley financiera. Pero si perdiste tu empleo porque tu empresa te despidió, no puedes controlar eso. Si el número de clientes en tu negocio bajó de repente, de modo que no puedes generar lo suficiente para sostenerlo y debes cerrar, eso es un cambio no planificado. Sea cual sea la naturaleza u origen de una crisis, ataca nuestro equilibrio. Ante tales circunstancias, ¿qué debemos hacer?

TODA PRUEBA ES TEMPORAL

Pase lo que pase, no te permitas entrar en pánico por mucho tiempo. ¡Puedes entrar en pánico un minuto! Pero luego deja que el pánico termine, porque sea cual sea la dificultad en la que estés, vas a salir de ella.

Nada es permanente excepto Dios, Sus leyes y Sus promesas. Todo lo demás cambia. De hecho, Dios nos promete que nada permanecerá igual: *Todo tiene su tiempo, y todo lo que se quiere debajo del cielo tiene su hora.*[96] Por lo tanto, todo lo que experimentas es solo por una temporada. Si ahora estás sin dinero, es solo una insolvencia temporal. Si has tenido que retirar inversiones o vender alguna propiedad, es solo un tropiezo pasajero. Vas a entrar en una etapa de prosperidad. Solo estás atravesando un momento duro. Si tu empresa cerró o tu negocio fracasó, hazle un buen funeral y entiérralo, pero prepárate para la resurrección. Volverás, porque todo es por temporadas. Si te despidieron o te recortaron, alístate para un cambio de temporada mientras desarrollas tu don. Puede que al final de esa temporada tu antiguo jefe quiera recontratarte, pero quizás para entonces tengas tu propia empresa... ¡y seas tú quien los contrate a ellos!

En tiempos de incertidumbre económica, debemos dejar de esperar a que la economía gire o a que el gobierno implemente una política. Tenemos nuestras propias "políticas gubernamentales" del reino, y no cambian. Funcionan siempre. Podemos darle la vuelta a la economía en nuestra propia vida. No hay escasez de dinero en el mundo. La riqueza sigue leyes, no sigue simples deseos. Tu don no puede ser víctima de la economía, y una crisis no puede destruirlo. Al contrario, la crisis que estás viviendo puede manifestar tu don.

Además, tu semilla —tu don— nunca entra en recesión. ¿No es hermoso? Si las semillas se plantan en el ambiente correcto, dan fruto. Crecen. Hay algo más grande que tú dentro de ti. Una vez más, pídele a Dios que te muestre la semilla que hay en ti para que puedas cultivarla.

El principio de que todo tiene su temporada es uno de los más importantes que he aprendido en la vida. Me ha ayudado a entender que corremos una carrera y que nuestro éxito es un proceso, no un punto final. Si una parte de nuestra vida terminó o cambió, eso no es el final de nuestro propósito ni de nuestro éxito. En tiempos de dificultad y crisis, recuerda que el éxito tiene más que ver con moverte en

96. Eclesiastés 3:1 (RVR-60).

la dirección correcta que con llegar a un destino. Así que, en lugar de entrar en pánico, sigue avanzando en la dirección correcta aplicando las leyes de la creación y manifestando la semilla que llevas dentro. Imagina un faro con una ola rompiendo contra él: la ola se mueve, pero el faro permanece firme. Las leyes de Dios son como un faro: no se mueven. Y como en todo lo que tiene que ver con el éxito en la vida, salir de una crisis es 100 % cuestión de leyes.

Las leyes no tienen crisis. A la gravedad no le importa lo que pase en tu economía; no le importa si tus finanzas van bien o mal. Si te lanzas del techo, la gravedad te atrae hacia abajo. Estés en buenos o malos tiempos, reconoce que Dios ha incorporado ciertas leyes en Sus sistemas y productos —incluyéndote a ti— que garantizan su funcionamiento para proteger Su reputación, confirmando que lo que Él hizo es bueno y funciona bien. No importa cuáles sean los problemas de nuestra vida, lo que haga la cultura o cuáles sean las modas del momento; si conocemos leyes y principios, superaremos las circunstancias. Debemos vivir por esas leyes y principios, no por sentimientos. Por supuesto, tenemos sentimientos, pero no nos guiamos por ellos cuando surgen los desafíos.

Sea lo que sea que enfrentes, puedes decirle a Dios: "Líbrame por amor a Tu nombre. Hazlo por Tu propia reputación". Cuando tengo una necesidad, digo: "Señor, esto no te deja bien. Yo le contaré a todos cómo proveíste por mí". Mis necesidades siguen siendo suplidas. A eso me refería cuando hablé antes de "poner presión" sobre Dios, porque nuestro éxito honra a nuestro Creador.

En tiempos de dificultad y crisis, recuerda que el éxito tiene más que ver con moverte en la dirección correcta que con llegar a un destino.

LAS PRUEBAS CREAN CREDIBILIDAD

La prueba que estás atravesando ahora creará credibilidad para tu vida y generará confianza en otros hacia ti. Si estás viviendo un momento de bancarrota, esa es una prueba para ver si se te puede confiar del otro lado de la crisis. Nunca pienses que una crisis viene a terminar tu vida. Viene a darle confiabilidad. Sin importar lo que estés pasando, la resiliencia que muestres y las respuestas constructivas que manifiestes en medio de tus problemas te ganarán el respeto de quienes te observan durante esa prueba.

Esto nos devuelve a una de las leyes que mencionamos antes: no confías en un producto que no ha sido probado. La gente busca a quienes no temen sacar su don y perseverar en los planes en los que creen, incluso —y especialmente— en medio de la dificultad. A mi organización la llamaron en su día un fenómeno "fugaz" que no duraría, pero sobrevivimos a esa crítica. Nunca confían en ti por lo que afirmas; confían en ti por lo que has sobrevivido.

Algunos esperarán que fracases, y cuando lo logres, ¡te felicitarán! Por eso, no escuches a los negativos. Acepta la prueba como parte de tu formación hacia el éxito. Las personas exitosas siempre tienen testimonios de supervivencia. No nacieron exitosas. El éxito llega como resultado de haber sobrevivido a la crítica y al ataque, de haber pasado por el horno de fuego de la vida sabiendo que Dios está con ellos,[97] de haber sobrevivido a ser arrojados a un foso de leones.[98] El éxito es lo que la gente piensa de ti después de haber intentado "matarte".

Así que te animo a prepararte para la prueba. La gente confiará en ti por lo que has sobrevivido. A veces no serás plenamente aceptado hasta que antes hayas sido plenamente rechazado.

BENEFICIOS DE UNA CRISIS

Además de darnos credibilidad, hay otros beneficios que pueden surgir de una crisis y que nos capacitan para cumplir nuestro propósito.

---

97. Ver Daniel 3.
98. Ver Daniel 6.

Me encanta esta frase del gran dramaturgo Shakespeare: "Dulces son los usos de la adversidad".[99] Es una afirmación profunda. Shakespeare captó algo: entendió que la adversidad puede beneficiar a quien la atraviesa. Nos está diciendo que cuando las cosas son adversas, cuando hay crisis, podemos usar eso para alcanzar un resultado positivo. Todo lo que te sucede puede usarse para producir algo bueno.[100]

Los siguientes principios de crisis te conducirán al éxito y prosperidad en medio de la dificultad. Algunos se interrelacionan, pero cada uno apunta a un resultado del que podemos aprovecharnos.

LA CRISIS ES LA INCUBADORA DE LA CREATIVIDAD

La mayoría de las veces no pensamos de forma creativa ni generamos nuevos patrones hasta que algo negativo nos ocurre. Cuando las cosas se desmoronan, eso nos obliga a pensar fuera de la caja. Una crisis exige pensamiento innovador. Nos hace considerar las cosas de maneras en las que nunca las habíamos pensado. Considera esto: después de crear a Adán, Dios no le dio una mesa o una silla terminadas. Le dio árboles, en los que mesas y sillas estaban "ocultas", y en esencia le dijo: "Trabaja con eso".

¿Cuándo una crisis te obligó a pensar algo de forma nueva? ¿Cómo podría el pensamiento creativo ayudarte en una dificultad actual?

LA CRISIS EXIGE UNA NUEVA FORMA DE PENSAR SOBRE PROBLEMAS VIEJOS

¿A qué me refiero con "problemas viejos"? Supón que tienes la necesidad constante de pagar la hipoteca cada mes. Si te despiden o te recortan, la fuente de ingresos con la que pagabas esa hipoteca se secó, pero el problema viejo no desapareció. Aún debes pagar. Por lo tanto, estás obligado a pensar de una nueva manera para descubrir cómo generar ingresos y cubrir ese problema viejo.

---

99. W. Shakespeare, *As you like it* (A. Latham, Ed.; 2.2.12). (Londres: The Arden Shakespeare, 2005).
100. Ver Romanos 8:28.

¿Qué "problema viejo" debes abordar hoy de modo nuevo? ¿Cómo podrías encontrar vías alternativas para solucionarlo?

LA CRISIS NOS EMPUJA A CRECER Y A MEJORAR

A veces nos quedamos estancados demasiado tiempo, y la única forma de llegar adonde debemos estar, es que algo nos empuje a un lugar nuevo. A menudo no crecemos hasta que somos estirados. Así, una crisis puede impulsarnos a mejorarnos y a activar más potencial del que activaríamos normalmente.

El problema con nosotros es que somos criaturas de hábitos. Necesitamos romper patrones que nos frenan. Muchos tenemos el hábito de ir a un mismo lugar de trabajo y verlo como nuestra única opción. Pero si algo ocurre y ya no estamos empleados, nos vemos obligados a buscar nuevas oportunidades. O tenemos el hábito de estar siempre sin dinero. Incluso cuando entra dinero, terminamos gastándolo para asegurarnos de volver a estar sin nada, porque esa sensación nos resulta familiar. Si atravesamos una crisis financiera severa, ese patrón puede interrumpirse: llegamos a un punto en que nosotros y nuestra familia necesitamos sobrevivir, y empezamos a aplicar principios financieros sanos para superar la emergencia. La experiencia nos muestra los beneficios de seguir esos principios de forma constante.

Si ahora estás en una crisis, ¿qué oportunidades de crecimiento personal y de nuevos patrones puedes ver?

LA CRISIS DESAFÍA LA EXPERIENCIA

La vida sacude áreas que creíamos inmutables. Cuando llega una crisis, parte de tu experiencia, habilidades y formas de hacer pueden volverse inútiles. ¿Qué haces cuando lo que sabías y en lo que confiabas ya no te funciona? La experiencia puede convertirse en tu peor enemiga si el entorno cambió y tu saber previo ya no es relevante ni necesario. A veces nos aferramos tanto a la experiencia pasada que esperamos y esperamos a ver dónde podremos usarla... y nunca llega. Si te pasa esto, quizás debas reentrenarte, reaprender o adquirir nuevas habilidades.

Puede que nunca hayas hecho cierto trabajo, pero ahora te es necesario aprenderlo para sostenerte o para avanzar en tu propósito. ¿Aceptarás ese desafío?

Hay quienes, por orgullo, terminan pasándola mal. "Yo no hago ese trabajo. Está por debajo de mí". ¿Ah, sí? Pronto habrá que enterrarlos si no se ubican y guardan el orgullo en el bolsillo. Podemos salir de cualquier cosa, pero si nos quedamos de brazos cruzados, no activamos las leyes que nos pueden hacer prósperos. Si se abre un empleo, digámonos: "Lo tomo por una temporada". Luego aplicamos el principio de "Éxito después de las 5 p. m." para retomar nuestra obra. Recuerda: Jesús fue carpintero temporalmente. Siempre supo que era el Salvador del mundo, pero hasta manifestar su propósito a los treinta, funcionó en un empleo.

¿Cambió tu entorno de tal manera que parte de tu experiencia o habilidades ya no son relevantes, y tu apego a ellas te impide prosperar? ¿Cómo podrías retool-arte —reconvertirte— en este nuevo entorno?

> *Una crisis nos hace imaginar enfoques únicos, y esto nos lleva a desarrollar soluciones y formas innovadoras de hacer las cosas.*

LA CRISIS GENERA DESARROLLO

Jon Huntsman Sr. escribió: "Si hay un rayo de esperanza en los malos tiempos, es este: cuando enfrentamos desafíos severos, nuestra mente suele estar en su punto más agudo. Los seres humanos rara vez han creado algo de valor perdurable a menos que hayan sido probados o hayan sufrido". Hablemos de dos partes de esta cita. Primero, cuando atraviesas las pruebas más grandes, tu mente suele estar más aguda. Entra en modo crisis y tiene que pensar en cosas que nunca había pensado. Segundo: "Rara vez hemos creado algo de valor perdurable a menos que hayamos sido probados o hayamos sufrido". Habla desde la experiencia: no producimos nada notable sin presión. Por tanto, cuando enfrentamos crisis, estas nos obligan a desarrollar nuevas formas de encarar la vida. Probablemente toda invención progresiva nació de un problema. La crisis nos hace imaginar enfoques únicos, y eso nos lleva a desarrollar soluciones e innovaciones. Una crisis nos hace imaginar enfoques únicos, y esto nos lleva a desarrollar soluciones y formas innovadoras de hacer las cosas.

¿Qué es algo beneficioso que podrías desarrollar o producir como respuesta a la presión que estás viviendo?

LA CRISIS CREA NUEVAS OPORTUNIDADES

Con nuevas formas de hacer y nuevas invenciones llegan nuevas oportunidades, industrias, campos de acción y reformas. ¿Qué oportunidades de progreso reconoces en tu vida y en el mundo que te rodea? ¿Qué nuevas industrias y actividades ves en tu comunidad y tu país que encajen con tu don?

LA CRISIS MANIFIESTA LA VERDADERA CAPACIDAD DE LIDERAZGO

Por mucho que alguien diga ser líder, solo cuando enfrenta un tiempo desafiante puede probar que lo es. No se es realmente líder en los buenos tiempos. Aunque todos tengamos potencial de liderazgo, el liderazgo genuino se prueba y verifica en un entorno de crisis.

Una crisis pone a prueba si somos tan maduros como afirmamos. Tal vez hemos dicho a otros cuán bueno ha sido Dios con nosotros. ¿Sostenemos lo mismo cuando las cosas se nos desmoronan? O quizás hemos expresado cuánta fe tenemos. Veamos qué clase de fe tenemos cuando la situación no pinta bien y nos preguntamos cómo llegaremos al día siguiente.

¿Cómo se sostienen tu capacidad de liderazgo y tus principios cuando estás bajo presión?

LA CRISIS ENCIENDE UNA PASIÓN POR UNA VISIÓN RENOVADA

A veces nos desviamos de nuestro propósito, y Dios tiene que movernos el piso para volvernos a la ruta. Con frecuencia, una crisis nos hace detenernos y recordar la idea original que el Creador nos reveló. Nos impulsa a regresar a nuestra pasión y visión verdaderas.

¿Estás alineado con tu propósito y tu don?

DE REGRESO A LO BÁSICO: GENEROSIDAD Y GRATITUD

Si estás viviendo desafíos o crisis, piensa con cuidado qué lecciones y oportunidades puedes extraer que te beneficien. Al mismo tiempo, vuelve a algunos básicos que te sostendrán: entre ellos, la generosidad y la gratitud. A veces enredamos las cosas intentando calcular el siguiente paso, cuando lo mejor es apartar la mirada de nuestros problemas por un momento y mirar a quién ayudar.

Salomón escribió: *El que es generoso será bendecido, pues comparte su comida con los pobres.*[101] Y Jesús enseñó: *Den y se les dará: se les echará en el regazo una medida llena, apretada, sacudida y desbordante. Porque con la medida con que midan a otros, se les medirá a ustedes.*[102] Si tienes dificultad financiera, quizás no tengas mucho dinero para dar, pero ¿qué más podrías dar? Puede ser tan simple como ofrecer tu tiempo y tus herramientas para el proyecto de un vecino, donar latas de tu despensa a una colecta, o hornear un pastel para alguien.

Puede haber otras cosas que también puedes compartir. Piensa con creatividad. Por ejemplo, tal vez usas tu auto solo para ir al trabajo. ¿Por qué no ponerlo al servicio de la gente y llevar a una persona mayor al supermercado o a una cita médica? Al hacerlo, estarás activando una ley: "Den y se les dará".

Hace miles de años, uno de los salmistas escribió una verdad atemporal: *Den gracias al Señor, porque es bueno; porque para siempre es Su misericordia.*[103] Puedes dar gracias a Dios por lo que hará para mostrarte

101. Proverbios 22:9.
102. Lucas 6:38.
103. Salmos 106:1 (NBLA).

tu propósito y sacarte de las dificultades por amor a su nombre. Dios ha dicho: *Porque yo conozco los planes que tengo para ustedes... planes de bienestar y no de calamidad, a fin de darles un futuro y una esperanza.*[104] Si Él dice que tiene un plan de esperanza, entonces se encargará de que llegues a la etapa de fruto. Tiene que llevarte a tu destino porque su nombre está en juego. Dios va a hacerte prosperar por amor a su nombre. Va a arreglar las cosas por su reputación. La esperanza viene en camino.

Recordemos que Mateo, uno de los discípulos de Jesús, lo citó diciendo: *Más bien, busquen primeramente el reino de Dios y su justicia, entonces todas estas cosas les serán añadidas.*[105] Lucas, el médico, otro discípulo, registra lo mismo: *Por el contrario, busquen el reino de Dios y estas cosas les serán añadidas. No tengan miedo, mi rebaño pequeño, porque es la buena voluntad del Padre darles el reino.*[106]

Busca primero el reino de Dios, y estas cosas serán ¿qué? "Añadidas". ¿Qué "cosas"? La provisión que necesitas para vivir y cumplir tu propósito —en tiempos de paz y en tiempos de crisis—, es decir lo que te conducirá a tu éxito.

104. Jeremías 29:11.
105. Mateo 6:33.
106. Lucas 12:31-32.

PARTE CUATRO

DESARROLLAR UN ENTORNO PARA EL ÉXITO

15

DIEZ CLAVES PARA EL ÉXITO PERSONAL

PARTE 1

"Por medio de la imaginación, podemos visualizar los mundos no creados de potencial que yacen dentro de nosotros. Por medio de la conciencia, podemos entrar en contacto con las leyes o principios universales, con nuestros talentos singulares y vías de contribución, y con las pautas personales dentro de las cuales podemos desarrollarlos con mayor eficacia".
—Stephen R. Covey[107]

En esta sección del libro vamos a profundizar en cómo desarrollar personalmente un entorno para nuestro éxito. He encontrado útil condensar muchos de los conceptos y principios que enseño sobre el éxito

107. Stephen R. Covey, *The 7 Habits of Highly Effective People: Powerful Lessons in Personal Change, 25th Anniversary Edition* (Nueva York: Simon & Schuster, 2013), p. 110.

en "Diez claves para el éxito personal", ordenadas de la siguiente manera para mantenerlas en primer plano de la mente y recordarlas a diario para ponerlas en práctica. Estas claves refuerzan y amplían los temas que ya hemos tratado. En este capítulo veremos las primeras cinco claves: propósito, percepción, potencial, pasión y principios; y en el siguiente capítulo exploraremos las últimas cinco: plan, personas, persistencia, perseverancia y oración. Como verás, todas las claves, excepto la última, empiezan con la letra "p" para que nos sea más fácil recordarlas.

CLAVE 1: PROPÓSITO

No puedo enfatizar este punto lo suficiente: para tener éxito debes comenzar por tener un sentido personal de propósito, una conciencia de la razón de tu existencia. Hemos visto que nuestro propósito es la intención original del Fabricante, el Dios de la creación, para nosotros. Sin una idea clara de tu propósito, no puedes iniciar el proceso del éxito, porque éxito significa cumplir el propósito para el cual fuiste puesto en la tierra. Cada ser humano fue creado para hacer una contribución específica a este mundo, y es cuando descubrimos nuestro propósito que podemos empezar a encontrar el verdadero éxito y la prosperidad.

La semilla de nuestro éxito está oculta en nuestro propósito y en el don que se nos ha dado para llevar a cabo ese propósito. Si aún no has comenzado a buscar activamente tu propósito y la contribución específica que fuiste destinado a hacer a tu generación, te animo a empezar hoy mismo.

CLAVE 2: PERCEPCIÓN

Esta clave se basa en el principio de que no puedes seguir un camino que no puedes ver. Me gusta decir que tener percepción, o visión, es "ver tu propósito en imágenes", es decir, tener una concepción clara de adónde vas.

Dios dio a la humanidad el don de la percepción para que no viviéramos solo por lo que vemos, sino también para que tuviéramos la capacidad de imaginar lo que puede ser y convertirlo en realidad. Sabemos que nuestro propósito ya está "terminado", y que Dios ha puesto en nosotros el potencial para cumplirlo. Y vemos nuestro propósito por fe. Parafraseando al autor de la carta a los Hebreos, la fe es la sustancia de lo que esperas lograr, la evidencia de lo que puedes ver aunque otros no lo vean.[108] Cuando te falta percepción —cuando no tienes visión para tu futuro y tu destino— es probable que repitas el pasado con sus decepciones y fracasos. Solo viendo lo que aún no está aquí puedes traer a la existencia algo nuevo, creativo y emocionante.

Dios dio a la humanidad el don de la percepción para que no viviéramos solo por lo que vemos, sino también con la capacidad de imaginar lo que puede ser y convertirlo en realidad.

Por eso, no importa lo que ahora tengas o no tengas, mientras puedas ver lo que podrías tener. La percepción es clave del éxito porque donde hay un sueño, hay esperanza, y donde hay esperanza, hay fe.

Todo lo que hacemos, la manera en que conducimos toda nuestra vida, debe estar guiado por nuestra percepción del propósito que Dios ha puesto en el corazón. Debe influir en cómo invertimos nuestro tiempo y dinero, y en cuáles son nuestras prioridades. Sin percepción, careceremos de valores que guíen nuestra vida. Nuestra vida no tendrá dirección, nuestras actividades no tendrán sentido, nuestro tiempo no tendrá propósito, y nuestros recursos no tendrán aplicación.

Dios dio a la humanidad el don de la percepción para que no viviéramos solo por lo que vemos, sino también con la capacidad de imaginar lo que puede ser y convertirlo en realidad.

108. Ver Hebreos 11:1.

CLAVE 3: POTENCIAL

La tercera clave consiste en entender tu potencial. Esto se relaciona directamente con tu percepción, en la que imaginas lo que puede ser. Debes creer en tu potencial para alcanzar el cumplimiento de tu sueño, más que en la opinión de otros sobre ti o en cómo "pintan las probabilidades". De lo contrario, nunca tendrás éxito.

El potencial es capacidad oculta, poder no aprovechado, energía no liberada. Es todo lo que podrías ser pero aún no has llegado a ser. Es quién eres en realidad, aunque todavía no conozcas tu verdadero yo. Debes tomar conciencia de esa capacidad que hay dentro de ti.

Ten presente que tu capacidad no depende de lo que percibes como tus limitaciones. Cuántas personas han dicho cosas como "no tengo una buena educación"; "no tengo el dinero para iniciar un negocio"; "nadie en mi familia ha hecho algo así"; "soy parte de una minoría"; "no tengo los contactos adecuados"; "soy demasiado joven"; "ya pasé mi mejor momento"; "me da miedo fracasar". La gente suele tener una larga lista de razones por las que no puede hacer lo que sueña. Ninguna de esas excusas es válida. ¿Por qué? Porque tu potencial lo determina el propósito y el don que Dios te ha dado, no otra cosa.

Para lo que naciste, ya estás equipado. Además, los recursos irán apareciendo a medida que los necesites. Todo aquello que Dios te llama a soñar es una revelación de tu capacidad. Esto significa que Dios da capacidad para cumplir responsabilidades. Dios nunca te daría una asignación sin darte también la facultad para emprenderla y la provisión para llevarla a cabo, ya sea ahora o cuando sea necesaria. Por lo tanto, cuando empieces a avanzar con tu sueño, descubrirás tu capacidad y tu provisión.

Cuando entiendes este principio, nadie puede impedir que tengas éxito. Dios te creó para hacer algo maravilloso, y tienes un potencial genuino para cumplir ese propósito.

CLAVE 4: PASIÓN

La pasión también nace de la percepción, de una revelación de hacia dónde te diriges en la vida. Todo gran hombre o mujer llegó a ser grande porque poseía espíritu de pasión. Sin embargo, creo que la mayoría de la gente carece de una verdadera pasión por vivir. La pasión es rara en la experiencia humana.

La pasión puede definirse de las siguientes maneras:

- Un deseo profundo. La pasión es la resistencia que dice: "Voy a ir por esto pase lo que pase. Si tengo que esperar cinco, diez o quince años, lo conseguiré". Si quieres llegar hasta tu sueño, no puedes sentarte a esperar que todo sea fácil. Las personas exitosas tienen un deseo tan profundo que produce en ellas la pasión para seguir adelante con sus sueños. ¿Tu deseo por lo que quieres hacer tiene resistencia?
- Una obligación. Cuando te apasiona algo, te sientes compelido a hacerlo. La pasión te permite enfrentar y vencer oposición, resistencia, crítica y todo otro obstáculo para manifestar tu don. ¿Sientes que debes activar tu don y cumplir tu propósito?
- Un compromiso intenso. Muchos están interesados en hacer ciertas cosas, pero en realidad no están comprometidos. El mundo está lleno de gente interesada, pero sin celo. Los exitosos están dispuestos a entregarse por completo para realizar su sueño. Las personas apasionadas son quienes han descubierto algo más importante que la vida misma. ¿Estás dispuesto a pagar el precio por lo que deseas?

Las personas exitosas tienen un deseo tan profundo que produce en ellas la pasión para seguir adelante con sus sueños.

- Una resolución profunda. Quienes alcanzan el éxito personal están resueltos a perseguir su propósito, su don y sus metas. ¿Qué tan decidido estás? ¿De verdad te has propuesto cumplir tu propósito?
- Una motivación clara. La pasión es el combustible de la vida. Para muchos, la vida es una carga: no tienen motivación respecto a su empleo, su pareja, sus estudios o su crecimiento personal. Tener una motivación clara nos ayuda a elevarnos por encima de la rutina diaria. ¿Solo estás existiendo, o estás persiguiendo una razón para vivir? ¿Tienes una motivación interna para seguir tu sueño?

Cuando el propósito del Creador para ti es tan vívido que puedes verlo con los ojos de la mente, esa imagen creará en ti entusiasmo para cumplirlo. Encenderá un deseo profundo de hacer tu contribución única a este mundo. Sabes que has tocado tu potencial de éxito cuando estás tan involucrado en lo que quieres hacer que no puedes dejar de pensarlo y de trabajar en ello.

La pasión también nos ayuda a mantener el enfoque en nuestro propósito. Y solo cuando tenemos pasión por lo que deseamos hacer empiezan a suceder cosas que nos facilitan cumplirlo. La pasión enciende resultados.

CLAVE 5: PRINCIPIOS

En la sección 2 exploramos el origen y la naturaleza de las leyes y principios del Fabricante, y nuestra necesidad vital de alinear la vida con ellos en el camino del éxito. Después de crear a los seres humanos, el Fabricante les dio información valiosa sobre cómo funcionaban, cómo operar su vida correctamente y cómo asegurarse de que serían exitosos. Transmitió principios específicos para que entendieran la naturaleza según la cual fueron diseñados para vivir. Más adelante en la historia, se aseguró de que esos principios, junto con instrucciones adicionales, quedaran por escrito como referencia vital para toda la humanidad. Las leyes y principios contenidos en el registro bíblico son probados por el tiempo y estables. Cuando los seguimos, protegemos y preservamos nuestra visión y pasión.

Hemos visto las similitudes y diferencias entre leyes naturales y leyes espirituales. Seguir las leyes espirituales nos conduce al éxito tanto en asuntos prácticos (como la mejor manera de manejar finanzas, negocios y relaciones) como en asuntos morales. Las leyes espirituales nos capacitan para responder de forma constructiva a los retos cotidianos relacionados con ejercer nuestro don, y también a los dilemas éticos que inevitablemente enfrentaremos. Por ejemplo, el libro de Proverbios ofrece mucha sabiduría práctica aplicable a múltiples situaciones. Un pasaje, usando un ejemplo del mundo natural, aborda los riesgos de la pereza y las recompensas del trabajo para proveer nuestras necesidades:

> *¡Anda, perezoso, fíjate en la hormiga! ¡Fíjate en lo que hace y adquiere sabiduría! No tiene quien la mande ni quien la vigile ni gobierne; con todo, en el verano almacena provisiones y durante la cosecha recoge alimentos. Perezoso, ¿cuánto tiempo más seguirás acostado? ¿Cuándo despertarás de tu sueño? Un corto sueño, una breve siesta, un pequeño descanso, cruzado de brazos… ¡y te asaltará la pobreza como un bandido, y la escasez como un hombre armado!*[109]

En otra sección del Manual del Fabricante, Jesús de Nazaret trata nuestra necesidad de atender primero nuestras propias fallas antes de corregir las de otros:

> *¿Por qué te fijas en la astilla que tiene tu hermano en el ojo y no le das importancia a la viga que está en el tuyo? ¿Cómo puedes decirle a tu hermano: "Hermano, déjame sacarte la astilla del ojo", cuando tú mismo no te das cuenta de la viga en el tuyo? ¡Hipócrita!, saca primero la viga de tu propio ojo, y entonces verás con claridad para sacar la astilla del ojo de tu hermano.*

Tal vez estés construyendo un negocio u ofreciendo un servicio, pero has estado ignorando principios consagrados por el tiempo del

109. Proverbios 6:6-11.

Fabricante. Con tu personalidad carismática y entusiasmo has emocionado a la gente para que te siga y aporte a tu obra. Pero por debajo, tu fundamento no es seguro. Puede que tu organización o emprendimiento crezca al principio, pero se estancará al llegar a cierto punto porque no aplicaste los principios necesarios para ir más allá. El crecimiento de un negocio o un servicio no se trata solo de planes estratégicos, inversiones acertadas y talento. También requiere conducta honesta, decisiones sabias y gente íntegra, personas con pasión por la visión corporativa que valoren y apoyen la contribución de todos sus compañeros.

Comprometerse —o volver a comprometerse— con las leyes y principios del Creador es como reiniciar una computadora trabada: eso nos permite volver al "modo original" en el que funcionamos como fuimos diseñados. Al estudiar e implementar estos principios, evitarás el compromiso moral y los tropiezos éticos. Te protegerás de los efectos negativos que esos errores inevitablemente tienen sobre otras áreas de tu vida, incluido el ejercicio de tus dones y la realización de tu potencial. Podrás decir, junto con el escritor bíblico: *Viviré con toda libertad, porque he buscado tus preceptos.*[110] En un capítulo próximo hablaremos de cómo establecer una base ética para tu vida como sustento del éxito, y de cómo determinar y escribir los principios rectores con los que vivirás y te conducirás.

En el próximo capítulo, exploraremos las últimas cinco claves para el éxito personal, empezando por pautas concretas para hacer un plan que ejecute tu asignación en la vida.

110. Salmos 119:45.

16

DIEZ CLAVES PARA EL ÉXITO PERSONAL

PARTE 2

"La vida es un espléndido regalo.
No hay nada pequeño en ella. Las cosas más grandes crecen,
por la ley de Dios, a partir de las más pequeñas.
Pero, para vivir tu vida, debes disciplinarla".
—Florence Nightingale[111]

Cuando aplicas a tu vida las diez claves esenciales que estamos viendo, todas trabajan juntas para crear una atmósfera fructífera y un marco seguro que te permitirá tener éxito. Cada clave es significativa y distinta, y sostiene a las demás. Consideremos ahora las últimas claves: plan, personas, persistencia, perseverancia y oración.

111. Florence Nightingale, "Gift Quotes," *BrainyQuote*. https://www.brainyquote.com/quotes/florence_nightingale_752508.

CLAVE 6: PLAN

Quienes tienen éxito elaboran un plan claro para lo que desean hacer. He conocido a personas que han intentado una y otra vez tener éxito sin un plan. No funciona. Jesús dijo que una persona sabia no empieza a construir algo sin antes trabajar los detalles:

> *¿Quién de ustedes, deseando edificar una torre, no se sienta primero y calcula el costo, para ver si tiene lo suficiente para terminarla? No sea que cuando haya echado los cimientos y no pueda terminar, todos los que lo vean comiencen a burlarse de él, diciendo: "Este hombre comenzó a edificar y no pudo terminar".*[112]

Soy exigente con la planificación. Cualquiera que trabaje conmigo te lo dirá. Una de las razones por las que insisto en conocer y enfocarnos en nuestro propósito es que los planes que no nos ayudan a cumplir ese propósito son contraproducentes. Pero si seguimos un plan basado en nuestro propósito, ese plan puede desplegarse y lo que deseamos hacer puede volverse realidad.

Salomón escribió: *Los propósitos del corazón son del hombre, Pero la respuesta de la lengua es del Señor.*[113] Es una declaración poderosa. Dios está diciendo, en efecto: "Yo te di tu propósito y tu don, así como la percepción para ver tu propósito en imágenes. Ahora, pon el plan por escrito, y Yo ajustaré los detalles". Salomón añadió: *El corazón del hombre traza su rumbo, pero sus pasos los dirige el Señor.*[114] Si no tenemos un plan, ¿cómo podrá Dios dirigirnos?

> *Tu sueño vale la pena desarrollarlo y escribirlo.*
> *Si Dios te dio el sueño, merece hacerse.*

112. Lucas 14:28–30 (NBLA).
113. Proverbios 16:1 (NBLA).
114. Proverbios 16:9.

¿Tienes un plan? ¿Sabes qué quieres hacer la próxima semana, el próximo mes, el próximo año, de aquí a cinco años? ¿Tienes un plan para los próximos veinte años de tu vida? ¿Podrías darme un plan para los próximos cincuenta? Dios te ha dado la capacidad para hacerlo: te dio mente, el don de la imaginación y la visión de la fe. ¿Qué esperas? Puede que haya personas cercanas que no entiendan tu sueño, pero ponlo en papel de todos modos. ¿Por qué? Porque tu sueño vale la pena desarrollarlo y escribirlo. Si Dios te dio el sueño, merece hacerse. Dios dice que te explicará el cómo, pero no puede conversarlo contigo hasta que tengas algo concreto de qué hablar.

Pregúntate qué pasos prácticos necesitas dar para alcanzar tu sueño. Para que tu plan tenga éxito, debes responder y actuar sobre preguntas como estas:

1. ¿Qué quiero lograr?
2. ¿A quién necesito?
3. ¿Qué tengo?
4. ¿Dónde puedo buscar información?
5. ¿Qué debería leer?
6. ¿Qué cursos o formación podrían ser útiles o necesarios?
7. ¿Con quiénes debería asociarme?
8. ¿Cuánto tiempo debería tomar?
9. ¿Cuánto costará?
10. ¿Dónde puedo ganar experiencia?

Puede que necesites ajustar o afinar los detalles a medida que Dios te guíe en el proceso, pero primero debes identificar y aclarar hacia dónde te diriges para empezar. Puedes usar este proceso:

Identificar

Clarificar

Refinar

Documentar

Articular

Comunicar

Demostrar

Reevaluar

Revisar

Repetir

Además de un plan general, necesitas metas y objetivos relacionados con tu plan para estar listo para ejecutarlo. Una meta puede definirse como:

- Un hito establecido que conduce a un logro mayor.
- Un punto de medición del progreso hacia un propósito final.
- Un requisito previo para la consecución de un plan definitivo.

El éxito nace de la disciplina de fijar metas conforme a tu propósito. Las metas nos dan una estructura para completar el plan paso a paso. Nos dan un punto de partida y un punto de llegada, y nos ayudan a enfocarnos. Adónde llegas en la vida es resultado de las metas que pones o no pones. Si no tienes metas, otros dirigirán tu vida. Y cuanto más éxito tengas, más gente competirá por tu tiempo, así que tendrás que custodiar tus metas con mayor celo. Quienes triunfan son celosos de sus metas porque representan su vida. Cuando nuestras metas cambian, nuestra vida cambia.

Después de establecer tus metas, escribe tus objetivos, que son el desglose detallado de esas metas. Determinan cuándo quieres que sucedan las cosas. Debes delimitar con claridad qué necesitas hacer y cuándo hacerlo para llegar adonde quieres llegar. Los objetivos deben incluir cronogramas específicos.

Para cumplir tu plan, no solo necesitas disciplinarte para seguir tus metas y objetivos, sino también buscar consejo sabio. En cualquier etapa de la vida conviene pedir el parecer de dos o tres personas de confianza antes de una decisión grande, escuchando con atención y sopesando sus respuestas según tu visión y valores personales. Salomón escribió: *Cuando falta el consejo, fracasan los planes; cuando abunda el consejo, prosperan.*[115]

CLAVE 7: PERSONAS

La séptima clave, personas, se refiere a que debes protegerte de la gente equivocada mientras reúnes a la gente adecuada a tu alrededor. Tener a las personas correctas en tu vida significa rodearte de quienes apoyarán tus metas, quienes se asociarán contigo e influirán para que las alcances. En cambio, tener cerca a las personas equivocadas es peligroso porque te alejarán de tu propósito y del éxito.

Al pensar en la gente de tu vida, considera la ley de la asociación. Esta ley afirma que te conviertes en aquello de lo que te rodeas. A menudo subestimamos la influencia de otros. No sabemos que estamos siendo influidos hasta que es tarde. Como tu propósito puede ser alentado o socavado por otros, debes cuidar quién impacta tu vida. Las personas tienen el potencial de crear tu entorno. Tu entorno determina tu mentalidad, y tu mentalidad determina tu futuro. Por eso, elige a tus amigos y asociados con juicio, seleccionando a quienes de verdad están contigo y no en tu contra.

En general, elige amigos que vayan en tu misma dirección y quieran obtener lo mismo que tú, de modo que puedan reforzarse mutuamente. Pregúntate:

- ¿Con quién estoy pasando tiempo?
- ¿Qué efecto tienen estas personas en mí?
- ¿Ese efecto es bueno en relación con mi propósito?

Todos necesitamos responder con honestidad a estas preguntas —y hacerlo con regularidad— en nuestro camino al éxito.

Al abordar las consecuencias de la ley de la asociación he tenido que aprender a tomar tres acciones para proteger mi propósito:

115. Proverbios 15:22.

1. *Desvinculación.* Hay personas y entornos de los que tendrás que desvincularte si quieres llegar a tu sueño. No tomes esta realidad a la ligera. Debes separarte de quienes no van a ninguna parte y no quieren ir a ninguna parte en la vida. Algunos sacrifican sus sueños, e incluso su vida, por miedo al conflicto o a discrepar. No temas desvincularte de quienes no son adecuados para ti. La desvinculación no tiene por qué ser confrontativa: a veces puedes salir en silencio de la vida de alguien, así como entraste. Cuesta, pero es una prioridad vital.
2. *Asociación limitada.* Puede que no quieras romper del todo con algunas personas, pero es importante delimitar conscientemente cuánto tiempo pasarás con ellas. A veces necesitamos apartarnos de la influencia excesiva incluso de quienes amamos para seguir nuestro propósito dado por Dios. Está bien tener amigos casuales, siempre que les dediques tiempo casual. Quizás con algunos prefieras mantenerte solo en contacto, para poder tomar distancia si notas que su compañía debilita tu compromiso con tu propósito.
3. *Asociación ampliada.* Proteges tu entorno mental pasando más tiempo con influencias positivas y menos con negativas. Para tener éxito, aumenta el tiempo con personas que comparten tu filosofía, metas y disciplina, gente que muestra el carácter y la visión que deseas. Con ellos quieres profundizar relaciones. Pregúntate: ¿quién puede ayudarme hacia mi meta? ¿A quién puedo acercarme para aprender?

La Clave 7 tiene además este componente: aunque cada uno recibe un propósito y un don personales, no fuimos creados para cumplir la visión solos. Tu don atraerá a otros que contribuirán a completar tu sueño. Otras personas nos ayudan a lograrlo. El propósito individual siempre se cumple dentro de un propósito mayor o corporativo. No es el método de Dios dar una asignación a un grupo: Él da una visión única a un individuo, quien luego la comparte con el grupo y la transfiere. Los miembros del grupo corren con la visión porque en ella encuentran un lugar para que sus visiones personales se cumplan. Así entrelaza Dios la visión personal y la corporativa.

Es clave que sepas trabajar con otros para hacer realidad tu visión. Todos necesitamos personas que nos orienten, ayuden y animen en el camino de cumplir nuestro propósito. Dios ya tiene gente preparada para trabajar contigo, y te será de gran beneficio. Cuando actúas sobre tu sueño, siempre habrá personas listas para ayudar. Pero si todavía no conoces tu propósito, o si no comienzas a actuar en él, quienes deberían ayudarte no sabrán dónde encontrarte.

> *Una vez que sabes lo que de verdad quieres y puedes "verlo", entonces, pase lo que pase, no te rindes.*

CLAVE 8: PERSISTENCIA

Necesitamos desarrollar la persistencia, porque al avanzar hacia nuestro propósito inevitablemente encontraremos resistencias. Habrá quienes no crean en ti ni en lo que haces. Acostúmbrate: es parte del proceso de alcanzar el éxito. Esto significa que tienes que pelear por tu sueño. Los sueños no vienen a ti: tú vas por ellos. Como el potencial y la pasión, la persistencia brota de la percepción o visión. Una vez que sabes lo que de verdad quieres y puedes "verlo", entonces, pase lo que pase, no te rindes.

La persistencia puede definirse como:

- La capacidad de enfrentar la derrota una y otra vez y no darse por vencido.
- La habilidad de seguir avanzando ante la dificultad, sabiendo que la victoria es tuya.

- La determinación de trabajar duro para superar cada obstáculo y hacer lo necesario para alcanzar tus metas.

Cuando somos persistentes, manifestamos una fuerte convicción acerca de nuestro futuro, basada en el propósito que Dios nos dio. Como dijimos en la Clave 4 (Pasión), sentimos que cumplir ese propósito no es opcional, sino una obligación y una necesidad; por eso, ni se nos ocurre abandonar la meta.

Jesús contó una parábola que nos anima al mostrar que el éxito llega a quienes insisten, no solo en lo natural, sino también en lo espiritual:

> *Supongamos —continuó— que uno de ustedes tiene un amigo y a medianoche va y le dice: "Amigo, préstame tres panes, pues se me ha presentado un amigo recién llegado de viaje y no tengo nada que ofrecerle". Y el que está adentro le contesta: "No me molestes. Ya está cerrada la puerta y mis hijos y yo estamos acostados. No puedo levantarme a darte nada". Les digo que, aunque no se levante a darle pan por ser amigo suyo, sí se levantará por su impertinencia y le dará cuanto necesite. Así que yo digo: Pidan y se les dará; busquen y encontrarán; llamen y se les abrirá. Porque todo el que pide, recibe; el que busca, encuentra y al que llama, se le abre.*[116]

Así que mientras puedas aferrarte a tu visión, siempre habrá una oportunidad de salir de tus circunstancias actuales y avanzar hacia el cumplimiento de tu propósito. Cuando conoces tu propósito en imágenes, sabes cómo permanecer en la carrera y terminarla.

CLAVE 9: PERSEVERANCIA

Persistencia y perseverancia están relacionadas. Una definición de perseverar es "persistir en un estado, empresa o empeño a pesar de influencias contrarias, oposición o desánimo".[117] Sin embargo, cada cual aporta algo distinto a nuestro éxito. Mientras que ser persistente suele

116. Lucas 11:5-10.
117. Merriam-Webster Dictionary, s. v. "persevere." https://www.merriam-webster.com/dictionary/persevere.

significar seguir empujando hacia adelante, perseverar significa, esencialmente, soportar la presión. La perseverancia es el poder de resistir, de aferrarte, pase lo que pase. De nuevo, cuando empiezas a actuar en tu don, eso despertará tanto a quienes quieren ayudarte como a quienes quieren estorbarte. La oposición suele ser prueba de que estás haciendo algo con tu vida.

Aunque al perseguir tu propósito te derriben una y otra vez, cuando perseveras te levantas cada vez, te sacudes el polvo y dices: "Voy a empezar otra vez. Lo intentaré una vez más, dos veces más, diez veces más". En los Juegos Olímpicos de 2012 en Londres, cuatro jóvenes bahameños corrieron el relevo 4x400 masculino y ganaron el oro. Fue la primera medalla de oro olímpica masculina en cualquier deporte para las Bahamas. La mayoría solo vio a estos cuatro atletas por televisión. Nadie presenció sus hábitos de entrenamiento ni conoció su historia. El mayor, Chris Brown, intentó y fracasó muchas veces en su lucha por un oro, pero seguía volviendo... hasta que alcanzó su sueño.[118]

¿Y tú? ¿Vuelves cuando la vida se pone difícil? William Feather dijo: "El éxito parece consistir, en gran medida, en seguir colgado después de que otros se han soltado".[119]

Creo que todos amamos a un ganador porque, en lo profundo de nuestro ADN, en el corazón del ser, está el espíritu de una criatura que sabe tener éxito. Por eso, cuando vemos éxito, nos identificamos. Recuerda: estás en la tierra porque ya eres un ganador. Iniciaste la vida con lo que hace falta para cumplir tu propósito. Puedes tener esperanza porque el éxito es predecible, y tu futuro es inevitable. Si perseveras en seguir las leyes de la creación, tendrás éxito, porque tu éxito honra a Dios.

La perseverancia también es necesaria porque, como dije antes, a menudo tenemos que desarrollar nuestro don durante mucho tiempo

---

118. Associated Press. (2012, agosto 10). *Bahamas wins men's 4x400 relay*. ESPN. https://www.espn.com/olympics/summer/2012/trackandfield/story/_/id/8257060/2012-london-olympics-bahamas-halts-us-streak-men-4x400-relay
119. William Feather. "William Feather: Quotes." *Goodreads*. https://www.goodreads.com/quotes/346897-success-seems-to-be-largely-a-matter-of-hanging-on

antes de que nos paguen por él. No dejes que eso te desanime: sigue trabajando tu don. Algunos quieren ser grandes de inmediato, pero necesitan empezar en pequeño. Practica tu don en toda oportunidad. Trabaja tu don. Persevera.

CLAVE 10: ORACIÓN

La décima clave para el éxito personal se refiere a nuestra necesidad de reservas espirituales. Para tener éxito, debemos cultivar una relación diaria con nuestro Creador. Eso es la oración. Orar es permanecer conectados de forma constante y presentar peticiones a la Fuente de nuestro propósito y de nuestro don. Necesitamos ir a Aquel que nos dio el don para recibir fuerza y guía a fin de desplegarlo. En el próximo capítulo hablaremos de lo que significa conectarnos con nuestra Fuente en el desarrollo de nuestro carácter personal.

Antes mencionamos la necesidad de estar a solas y apaciguar nuestra vida para descubrir nuestro don. En el libro de Isaías, el Creador dice: *Yo anuncio el fin desde el principio.*[120] En otras palabras: "Te muestro quién has sido desde el principio". Así que si estás buscando tu propósito, apártate un rato de la gente. Puedes salir a caminar y pedirle al Creador que te acompañe. Él quiere revelarte —o reafirmarte— tu propósito y don. Di: "Dios, vamos a dar un paseo para encontrar mi don". Luego, mantente conectado con Él regularmente mientras te va revelando ese propósito.

Además, lee con regularidad el Manual del Fabricante, que te ayudará a guiar tus oraciones. Y léelo no solo como un libro devocional, sino también para aprender y recordar las leyes y principios de la creación. Pídele a Dios que te muestre Sus leyes, y luego actúa conforme a lo que aprendas. Podemos seguir el ejemplo del rey David, que oró:

Enséñame, Señor, el camino de tus estatutos
y lo seguiré hasta el fin.
Dame entendimiento para seguir tu Ley

120. Isaías 46:10.

y la cumpliré de todo corazón.
Dirígeme por la senda de tus mandamientos,
porque en ella encuentro mi solaz.
Inclina mi corazón hacia tus mandatos
y no hacia las ganancias deshonestas.
Aparta mi vista de cosas vanas,
preserva mi vida en tu camino.
Confirma tu promesa a este siervo,
para que seas temido.
Líbrame de la afrenta que me aterra,
porque tus leyes son buenas.
¡Cómo anhelo tus preceptos!
¡Dame vida conforme a tu justicia![121]

121. Salmos 119:33-40.

17

PROTEGER TU ÉXITO

"El carácter, a la larga, es el factor decisivo en la vida de un individuo y también en la de las naciones".
—Theodore Roosevelt [122]

Mientras persigues tu propósito y experimentas éxito, no esperes que tu éxito te sostenga en la vida. Puede parecer una afirmación sorprendente, así que déjame explicarla: muchas personas no saben manejar el logro porque el peso de la responsabilidad, las recompensas y las apuestas que trae consigo se vuelve demasiado para ellas. Al tener éxito, algunos caen en problemas morales y éticos porque, de pronto, se sienten todopoderosos y sin restricciones. No se dan cuenta de que se están preparando para una caída desastrosa. Tu don nunca es una amenaza para tu éxito; la falta de carácter, sí. A lo largo de la historia, muchos líderes que fracasaron no lo hicieron por falta de dones, sino por falta de carácter.

122. Theodore Roosevelt. *Theodore Roosevelt Rotunda*. American Museum of Natural History. https://www.amnh.org/exhibitions/permanent/theodore-roosevelt-memorial/roosevelt-rotunda.

Una persona con talento, pero sin carácter, puede ser inestable y nada fiable. Hay quienes tienen capacidad, pero no tienen "disponibilidad". Tienen un don, pero no se puede contar con ellos para aportar su don de forma constante. Nada resulta más frustrante para quienes participan en un proyecto conjunto que tratar con alguien muy talentoso pero poco confiable. No se puede predecir si estará presente (física o mentalmente) para cumplir sus responsabilidades. Si no aparece, el proyecto puede ponerse en riesgo.

El talento sin carácter es como una estrella fugaz: brilla intensamente por un momento y luego desaparece. A veces surge en la esfera pública alguien con intelecto brillante, personalidad chispeante o belleza deslumbrante. Parece tener todos los ingredientes del éxito. Pero tiempo después (dos semanas, un año o varios) desaparece de la escena, y nos preguntamos qué pasó. Descubrimos que se quemó rápidamente debido a un problema de carácter que destruyó su reputación y potencial.

Alcanzar el verdadero éxito no se trata solo de ejercer el don que el Creador ha implantado en nosotros y atraer prosperidad financiera, sino también de tener el carácter del Creador que nos hizo.

En cambio, el carácter es como el sol: brilla con constancia y fiabilidad. En los días de nubes o de lluvia torrencial, el sol sigue brillando desde su posición constante en el sistema solar. Las personas con carácter tienen esas cualidades de consistencia y fiabilidad. En consecuencia, impactan positivamente la vida de quienes las rodean.

Alcanzar el verdadero éxito no se trata solo de ejercer el don que el Creador ha implantado en nosotros y atraer prosperidad financiera, sino también de tener el carácter del Creador que nos hizo. Su carácter y Sus leyes van juntos. La única manera de proteger lo que esperas lograr en tu vida, y lo que ya has logrado, es desarrollar y mantener un carácter personal fuerte. El desarrollo del carácter produce en nosotros un entorno interno para el éxito.

EN SINTONÍA CON EL CREADOR

Jesús de Nazaret dijo: *Pues ¿qué provecho obtendrá un hombre si gana el mundo entero, pero pierde su alma? O ¿qué dará un hombre a cambio de su alma?*[123] En efecto, una persona puede "ganar el mundo" por el poder y las riquezas asociados al éxito y, al mismo tiempo, perder su alma —el núcleo mismo de su ser— al ignorar o traicionar su propio carácter. Al hacerlo, puede perder su impacto y su permanencia, por no mencionar la razón de su propia existencia. Eso es un trágico desperdicio de vida.

Por ejemplo, si violamos las leyes del Creador en nuestras relaciones con otras personas, podemos apagar nuestra semilla de éxito. El éxito es integral. Todas las leyes y principios trabajan juntos. En cuanto a las relaciones, Jesús dijo: *Por lo tanto, si estás presentando tu ofrenda* [a Dios] *en el altar y allí recuerdas que tu hermano tiene algo contra ti, deja tu ofrenda allí delante del altar. Ve primero y reconcíliate con tu hermano; luego vuelve y presenta tu ofrenda.*[124] Por tanto, si nuestras relaciones no están bien, no podemos andar diciendo: "Estoy practicando el principio de dar, pero no recibo". Ese no es el punto. La cuestión es: ¿ves el cuadro completo y lo estás aplicando?

Es como plantar una semilla en la tierra y luego echarle gasolina cuando empieza a brotar. Puede que hayas aplicado principios correctos (suelo, agua y luz), pero ahora haces algo que niega el efecto de esos principios. Cuando no estamos experimentando éxito, o cuando nuestro éxito empieza a menguar, la razón podría ser tan simple como la negación de un principio.

Toda nuestra vida tiene que estar en sintonía con las leyes y principios del Creador. Por eso no puedo permitirme guardar nada contra nadie. Si me insultan, debo proteger mi corazón y perdonar. Esta es la

---

123. Mateo 16:26 (NBLA).
124. Mateo 5:23-24.

razón por la que Jesús nos dijo que amáramos a nuestros enemigos.[125] Amamos a los enemigos porque no queremos que el odio o el afán de venganza bloquee nuestras relaciones, afectando nuestro propósito y nuestro camino de éxito. Nunca me pelearé con nadie porque tengo que guardar mi relación con el Creador y permitir que mi propio árbol crezca. Cómo respondan otros es su responsabilidad. Yo debo enfocarme en lo que me corresponde hacer. A veces pensamos que, cuando perdonamos a alguien, esa persona también debe perdonarnos. Eso no es lo que dice el Manual del Fabricante. Solo dice que nosotros debemos perdonar.[126] Perdonar significa liberar a la otra persona. Eso quiere decir que el asunto pasa a estar en ellos. Tú quedas en paz en tu relación con ellos y con el Creador.

CARÁCTER ANTES QUE PODER

¿Por qué para muchas personas es una lucha mantener un buen carácter de forma constante? ¿Por qué nos encontramos haciendo o diciendo cosas que no están bien? Entender la respuesta a estas preguntas y aprender a establecer el carácter en nuestra vida comienza por volver a cómo fuimos hechos en la creación.

> *Internamente, debemos desarrollar la mentalidad y las cualidades del carácter. Externamente, debemos crear una atmósfera comunitaria que promueva y sostenga estándares éticos, como la integridad y la justicia.*

Primero, el orden que el Creador estableció para nosotros es: carácter antes que poder. Cuando regresamos al carácter, regresamos al estado natural en el que fuimos destinados a funcionar. Hemos visto que fuimos hechos a imagen y semejanza de Dios, y que una de las

125. Ver Mateo 5:43-45.
126. Véase, por ejemplo, Mateo 6:12; 18:21-35.

primeras instrucciones de Dios a los seres humanos fue: *Fructificad y multiplicaos; llenad la tierra, y sojuzgadla.*[127] Todo el mundo debía llenarse de hombres, mujeres y niños que manifestaran la naturaleza de Dios mientras ejercían su propósito y don únicos. En consecuencia, debemos desarrollar un entorno propicio para demostrar esa naturaleza. Internamente, hemos de desarrollar la mentalidad y las cualidades del carácter. Externamente, hemos de crear una atmósfera comunitaria que promueva y sostenga estándares éticos, como la integridad y la justicia.

Si bien no existe tal cosa como una "comunidad ética" en abstracto, sí existe una comunidad de personas éticas. Corporativamente, la gente acuerda los valores por los que va a vivir. Ese acuerdo es lo que crea una cultura de moralidad. Y esa cultura moral se convierte en la fuente de la ética para la comunidad. Una cultura ética siempre empieza con el compromiso personal de los individuos de vivir conforme a valores sólidos.

Internamente, debemos desarrollar la mentalidad y las cualidades del carácter. Externamente, debemos crear una atmósfera comunitaria que promueva y sostenga estándares éticos, como la integridad y la justicia.

CÓMO LOS SERES HUMANOS PERDIERON EL CARÁCTER

Una cualidad básica de la naturaleza del Creador es que no cambia. Por eso debemos hacernos preguntas como estas: "¿Cómo perdió la raza humana —hecha a imagen y semejanza de Dios— la manifestación continua de Su carácter?". "¿Cuándo dejamos de ser siempre consistentes, siempre predecibles, siempre confiables, siempre justos, siempre misericordiosos y compasivos, como lo es el Creador?". "¿Por qué empezamos a mostrar rasgos no éticos hasta el punto de que nuestro mundo se apartó tanto de ser una expresión de Su naturaleza?".

Hablamos antes de cómo los primeros seres humanos rechazaron la ley de Dios. Repasemos brevemente ese incidente. Irónicamente, la humanidad perdió su capacidad de manifestar de manera constante la

127. Génesis 1:28 (RVR-60).

naturaleza del Creador porque el primer hombre y la primera mujer dieron oído a la falsa acusación de que Dios no los estaba tratando con verdadero carácter, que no estaba siendo justo. Cuando se cuestionó Su confiabilidad, ellos decidieron dudar de Su autenticidad. Luego, con tal de obtener poder para sí, quebrantaron una ley clave que Él había establecido para ellos.[128]

El principio que violaron había sido diseñado para protegerlos, para que no sufrieran las consecuencias de vivir fuera de la naturaleza de Dios. Al romper ese principio, fueron contra el mismo medio que debía resguardarlos. Como eligieron vivir fuera de la naturaleza de Dios, su carácter se deformó. Esto indica que, en cierto modo, su carácter no dependía solo de la naturaleza; también requería una decisión continua de permanecer en esa naturaleza. Hoy enfrentamos el mismo tipo de decisión: ¿Viviremos según nuestros principios, creencias, valores, estándares morales y código ético establecidos? Esta es una elección diaria.

La decisión trágica de los primeros humanos hizo que la humanidad sufriera las consecuencias de perder la verdadera naturaleza de Dios, incluido el inicio de la discordia, la enfermedad y la muerte física. La fuente fundamental de todas las deficiencias y problemas de la humanidad fue —y es— su rechazo de los principios del Creador. A este rechazo las Escrituras lo llaman "pecado". Por eso se describe la naturaleza humana como "caída". La naturaleza humana existió alguna vez en un alto plano ético, pero descendió a un lugar donde a menudo manifiesta solo una fracción de su estado anterior.

RESULTADOS DE LA PÉRDIDA DEL VERDADERO CARÁCTER

Exploremos varios resultados del rechazo de la humanidad al carácter y a la ley de Dios.

DISTORSIÓN DE LA IMAGEN DEL CREADOR

Como la humanidad perdió la verdadera naturaleza de Dios, ahora solo posee una imagen distorsionada de esa naturaleza. Los

128. Ver Génesis 3.

rasgos principales del ser humano caído son lo opuesto al carácter genuino: inconstancia, imprevisibilidad, infidelidad, concesiones indebidas, injusticia, prejuicio, falta de confiabilidad, afán de dominio, desquite, falta de perdón, crueldad, etc. Todas las sociedades del mundo sufren los síntomas de la pérdida de carácter de la humanidad.

Por ejemplo, hay personas que maquinan para desacreditar a colegas y a otras personas en el trabajo con tal de obtener ascensos que esos otros merecen. Hay estudiantes universitarios que hacen trampa en exámenes para "lograr" un mejor puesto académico, con el resultado de que a veces reciben ventajas injustas sobre otros, como empleos mejor pagados. Nos preguntamos cómo pueden ocurrir estas cosas (algunas personas ni siquiera están seguras de por qué cometen ciertos actos). Además, el carácter torcido de la humanidad puede hacer que la conciencia de algunos quede desajustada: pueden carecer de un sentido natural de culpa al hacer el mal, o pueden tener una conciencia hiperactiva que les hace sentirse continuamente culpables por cosas de las que no son responsables.

En resumen, toda corrupción humana proviene de nuestra pérdida del carácter de Dios como elemento intrínseco de nuestra propia naturaleza. Los seres humanos todavía somos capaces de conducta moral, pero esto implica decidir continuamente abrazar convicciones y valores sólidos. Y todos somos inconstantes en ese empeño, porque el buen carácter ya no nos resulta natural.

CONFUSIÓN SOBRE LA AUTOIMAGEN Y EL VALOR PROPIO

Otro resultado del rechazo de los seres humanos a la imagen de Dios es que perdieron su propia esencia. Se confundieron acerca de quiénes eran, para qué habían nacido y cómo debían vivir. Ya no tenían un sentido claro de propósito y significado en el mundo. Y perdieron la sensación de aceptación y valor que proviene de estar en una relación ininterrumpida con su Creador.

INESTABILIDAD

Sin carácter, los seres humanos también se volvieron inestables. Por eso a menudo nos cuesta confiar en otros. Muchos no cumplen sus promesas. Por ejemplo, el día de su boda una pareja se viste de gala, se presenta ante un ministro o un juez de paz y se promete: "¡Te amaré y te seré fiel hasta que muera!". Luego, en algún momento después de la luna de miel, el esposo o la esposa pierde el interés y se va, a veces para huir con otra persona. Si tu cónyuge te ha dejado, sabes a qué me refiero. Tuviste una boda hermosa, todo perfecto: el oficiante, el vestido y el traje, las flores, los anillos. Fue un día ideal. Y ahora te preguntas qué pasó con el matrimonio. Esa desilusión ocurre porque muchas personas son inestables e inconsistentes. No han tomado la decisión consciente de establecer valores sólidos y comprometerse de verdad con ellos.

Una persona de carácter nos ofrece una mirada de cómo eran todos los seres humanos y de lo que la mayoría, en lo más profundo, desea ser.

Si alguien es inestable, no importa lo que prometa, no puedes confiar en ello. Como escribió Santiago: *¿Puede acaso brotar de una misma fuente agua dulce y agua amarga? Hermanos míos, ¿acaso puede dar aceitunas una higuera o higos una vid? Pues tampoco una fuente de agua amarga puede dar agua dulce.*[129] Si la fuente no ha cambiado, el resultado será el mismo. También escribió: *Pero que pida con fe, sin dudar, porque quien duda es como las olas del mar, agitadas y llevadas de un lado a otro por el viento. Quien es así no piense que va a recibir cosa alguna del Señor; es indeciso e inconstante en todo lo que hace.*[130] Una persona inestable es como las olas del mar: impredecible, cambiante.

129. Santiago 3:11-12.
130. Santiago 1:6-8.

Por eso, cuando conocemos a gente de verdadero carácter, los admiramos y los amamos. Porque retratan nuestro yo original. Una persona de carácter nos ofrece una mirada de cómo eran todos los seres humanos y de lo que la mayoría, en lo más profundo, desea ser. Permitamos que eso nos inspire a volver a nuestro verdadero yo, la imagen de Dios.

LA RESTAURACIÓN DEL CARÁCTER

Antes expliqué que los planes del Creador para los seres humanos no incluían permitir que languideciéramos en un estado sin Su naturaleza, y con todas las consecuencias que ello conlleva. En Su fidelidad y confiabilidad, Él inició un plan para restaurar a la humanidad consigo mismo. Ese plan implicó darnos una naturaleza renovada, por la cual volveríamos a compartir Su carácter y a seguir de manera constante Sus principios que dan vida.

Llevó a cabo este plan por medio de Jesús de Nazaret, también llamado Jesús el Cristo. Dios dio testimonio acerca de Él: *Este es mi Hijo amado; estoy muy complacido con él.*[131] Jesús dijo: *El Padre y yo somos uno.*[132] Jesús era el Hijo de Dios porque vino de Dios, era uno con Dios y manifestó plenamente el carácter de Dios en la tierra. Uno de los discípulos de Jesús escribió acerca de Él:

> *En el principio la Palabra ya existía. La Palabra estaba con Dios, y la Palabra era Dios. El que es la Palabra existía en el principio con Dios. Dios creó todas las cosas por medio de él, y nada fue creado sin él. La Palabra le dio vida a todo lo creado, y su vida trajo luz a todos... Entonces la Palabra se hizo hombre y vino a vivir entre nosotros. Estaba lleno de amor inagotable y fidelidad. Y hemos visto su gloria, la gloria del único Hijo del Padre.*[133]

Y Pablo de Tarso escribió: *Porque toda la plenitud de la divinidad habita en forma corporal en Cristo.*[134] Jesús tenía la misma naturaleza

---

131. Mateo 3:17.
132. Juan 10:30.
133. Juan 1:4, 14 (NTV).
134. Colosenses 2:9.

y el mismo Espíritu que Dios. Y Su propósito al venir a la tierra fue restaurar en nosotros la imagen de Dios. Las Escrituras son muy claras en que necesitamos una nueva naturaleza: *Nadie puede entrar en el reino de Dios si no nace de agua y del Espíritu.*[135]

Por lo tanto, Jesús vino a devolvemos nuestro carácter. Nadie puede ser restaurado a la naturaleza del Creador sino por medio de Él.[136] Jesucristo, como Hijo de Dios, era el único que podía representar tanto al Creador como a Sus criaturas para reparar la ruptura entre ambos y lograr una reconciliación y restauración plenas.

Cuando Jesucristo murió en la cruz, pagó el precio por nuestra naturaleza caída. También pagó por todas las veces que hemos actuado en contra del carácter y de las leyes de nuestro Creador. Cuando reconocemos y aceptamos lo que Él hizo por nosotros, somos restaurados a Dios y recibimos de nuevo Su naturaleza en nuestro interior. Esto nos permite experimentar una transformación duradera por la cual podemos manifestar Su imagen y desarrollar un carácter genuino conforme a Sus principios. En esta vida podemos esperar un proceso continuo de crecimiento y maduración en la manera en que manifestamos la naturaleza del Creador. Dios describió Su plan de restauración así: *Pondré mi ley en su mente y la escribiré en su corazón. Yo seré su Dios y ellos serán mi pueblo.*[137]

ESTAR DE ACUERDO CON DIOS

Recuerda que cada vez que vamos en contra de la ley del Creador, no dañamos a Dios, su paz e integridad permanecen intactas. Sin embargo, nos hace daño a nosotros y nos apaga. Después de ser restaurados a Dios y de recibir su naturaleza, ¿qué debemos hacer si en el camino hacia la madurez volvemos a violar una de sus leyes? ¿Cómo retomamos el rumbo para avanzar y caminar con carácter?

Yo crecí creyendo que confesar un pecado significaba decir lo que hiciste y decirle a Dios lo mucho que lo lamentabas. Sin embargo,

135. Juan 3:5 (NTV).
136. Ver Juan 14:6.
137. Jeremías 31:33.

cuando estaba en la universidad tomé un curso de hebreo. En una clase, mi profesor, el Dr. Hayden, hablaba de la traducción de varias palabras, entre ellas "confesión". Aprendí que la palabra hebrea para "confesar" en realidad no significa "sacar un tema" con Dios. El Dr. Hayden lo explicó así: "La palabra confesar significa que estás de acuerdo con Dios. Si tu corazón te condena, si el Señor te dice en tu interior que lo que hiciste estuvo mal, simplemente estás de acuerdo en que está mal".

A menudo intentamos explicarle a Dios por qué hicimos algo mal y ofrecerle excusas o justificaciones, pero eso significa que no hemos confesado en el sentido de estar de acuerdo en que está mal. No deberíamos intentar explicarlo; simplemente di: "Dios, tienes razón. Esto está mal. He ido en contra de tu ley".

Otra palabra que oímos en relación con el pecado es arrepentirse. Confesar y arrepentirse son actos distintos. Confesar es estar de acuerdo en que algo está mal; arrepentirse es ir en la otra dirección. Es decir, cambiar tu mente respecto a lo que hiciste y proponerte no volver a hacerlo. Cuando hacemos esto, reabrimos el acceso a los beneficios de obedecer las leyes de Dios.

Puede que pienses, por ejemplo, que te estás saliendo con la tuya con ciertas cosas privadas que Dios no conoce, pero Dios lo sabe todo. Él ve lo que hacemos cuando nadie más nos observa. Si estás coqueteando en secreto con violar las leyes de Dios, te está dando la oportunidad de ordenar esto ahora, porque tarde o temprano te va a dañar a ti y al cumplimiento de tu propósito.

Quiero que pienses bien en esto: ir contra la ley de Dios puede apagar por completo el principio del éxito. Cada vez que tu conciencia te diga que lo que haces no está bien, di: "Dios, tienes razón", y deja de inmediato eso que no está bien. Apártate de ello. Cada vez que lo haces, refuerzas el carácter en tu vida.

En el próximo capítulo hablaremos de cómo establecer intencionalmente valores y estándares para nuestra vida a fin de construir carácter.

18

ASIMILACIÓN DE PROPÓSITO, VALORES Y VISIÓN

Porque donde esté tu tesoro, allí estará también tu corazón.
—Jesús de Nazaret[138]

Al comienzo del capítulo anterior dije que no deberíamos esperar que nuestro éxito nos sostenga, porque si no tenemos cuidado, podemos hacer mal uso del poder y la influencia que lo acompañan, lo que nos llevaría a un fracaso ético o moral. Por lo tanto, en lugar de esperar que el éxito nos cargue a nosotros, necesitamos que nuestro éxito sea cargado por nuestro carácter. Desarrollar carácter también nos permitirá cultivar una influencia positiva y duradera mientras cumplimos nuestro propósito, un tema que trataremos con más detalle en la última sección de este libro.

Tener buen carácter es como contar con un sistema de seguridad personal para tu vida. Mucha gente instala dispositivos de seguridad

138. Mateo 6:21.

en sus casas y establecimientos comerciales para protegerse de ladrones que intentan robarles y de intrusos que podrían dañar a sus familiares o empleados. Si alguien intentara abrir una ventana de una casa o negocio protegido por un sistema de seguridad electrónico, se activaría una alarma que delataría al intruso con el objetivo de ahuyentarlo y alertar a la empresa de seguridad. O supón que un trasgresor, con intención de robar o saquear, lograra colarse en un edificio de oficinas durante el horario laboral y se quedara agazapado hasta que todos se hubieran ido. El sistema de seguridad del edificio, si está bien instalado, detectaría su movimiento en cuanto saliera de su escondite. El sistema activaría una señal, alertando al equipo de seguridad y a las fuerzas del orden sobre su presencia.

Los valores y estándares también nos resguardan de los "intrusos" internos, nuestras propias fragilidades humanas que nos llevan a racionalizar conductas inmorales y a tomar atajos éticos.

Podemos "instalar" el carácter en nuestra vida para que funcione como un sistema de seguridad. Lo hacemos enfocándonos en las leyes y principios del Creador y luego desarrollando valores y estándares que correspondan a ellos. Estos valores y estándares nos alertarán y protegerán de los efectos negativos de diversas influencias externas como las presiones de la vida, las dificultades y las tentaciones. Las influencias externas negativas pueden amenazar nuestro éxito al invadir nuestra vida y robar nuestra fuerza de voluntad, sentido común y buen juicio. Los valores y estándares también nos resguardan de los "intrusos" internos, nuestras propias fragilidades humanas que nos llevan a racionalizar conductas inmorales y a tomar atajos éticos. Una persona de principios no cambia sus valores y estándares, sin importar las circunstancias.

¿QUÉ SON LOS VALORES?

Para entender mejor la naturaleza de los valores, veamos dos definiciones relacionadas. Los valores son:

- Ideas, principios y cualidades a las que tú, personalmente, otorgas alto valor. Un valor es una creencia —en algo o en alguien— que estimas por sus propios méritos. Por ejemplo, puedes valorar la idea de ayudar con caridad a familias cuyo sostén ha sido despedido, el principio de la "igual justicia ante la ley" o la cualidad del coraje.
- Estándares o ideales que determinan tu conducta o tu política de actuación. Para un ejemplo simple, supongamos que posees un anillo de diamantes, conoces el valor de mercado de los diamantes y quieres proteger tu activo. El valor que le asignas a tu anillo predecirá y afectará tu comportamiento hacia él. Si realmente lo valoras como posesión, lo mantendrás limpio y lo guardarás en un lugar seguro cuando no lo uses. Incluso podrías revisarlo periódicamente para asegurarte de que no se haya perdido ni haya sido robado.

DESARROLLAR VALORES

Las personas exitosas se adhieren a un sistema de valores con el que consideran opciones de conducta, toman decisiones y actúan. Se les identifica por los valores positivos que consideran dignos y por los cuales han decidido vivir. Para que los valores positivos marquen una diferencia en tu vida y en tu camino hacia el éxito, debes abrazar los siguientes pasos:

1. IDENTIFICAR TUS VALORES

Piensa con cuidado en lo que realmente valoras y luego expresa por escrito tus valores. Tus valores son tu filosofía de vida. Determinan cómo piensas conducirte. Son tus guías para vivir, hacer negocios, relacionarte con otras personas y relacionarte con la vida. Debes afianzarlos en tu corazón y en tu mente para contar con estándares por los cuales vivir. Debes aclarar lo que harás y lo que no harás.

Ten en cuenta que identificar y articular tus valores suele requerir más de una sesión. Implica una evaluación reflexiva de tu propósito, tus convicciones y tu visión del futuro. Y a medida que comprendas cada vez más tu propósito y dones, deberías refinar la redacción de tu declaración de valores.

2. CREER EN TUS VALORES

Los valores no son ideales a los que das un mero asentimiento mental, porque son indispensables para vivir una vida de propósito y carácter. Por lo tanto, debes abrazar valores en los que realmente puedas creer y en los que tengas confianza, valores que afirmes y por los que desees vivir.

3. RECIBIR TUS VALORES

Debes creer en tus valores hasta el punto de "recibirlos". Es decir, interiorizarlos para que se conviertan en una parte vital de quién eres. Recibes tus valores al repasarlos con frecuencia, pensar en ellos y afirmar su lugar en tu vida. El rey Salomón dijo: *Porque cual es su pensamiento* [de la persona] *en su corazón* [mente subconsciente], *tal es él.*[139]

4. APEGARTE A TUS VALORES

Como resultado de los pasos anteriores, una persona exitosa se apega a sus valores. Esos valores se convierten en sus parámetros o marco para vivir. Mide todo contra esos parámetros. Por ejemplo, si le pides que realice cierta acción o participe en una causa, evaluará si hacerlo está alineado con su propósito y sus valores. Si no lo está, declinará actuar o participar.

Las personas de carácter no renuncian a sus valores ante la presión para dejar de lado sus creencias. No los cambian según lo que creen que otros quieren que hagan. Como sus valores se basan en sus convicciones,

139. Proverbios 23:7 (RVR-60).

están dispuestas a perder dinero, ascensos u otras ventajas por el bien de esos valores.

Hay una diferencia importante entre comprometer las propias creencias y hacer una concesión sobre una opinión para que un grupo llegue a un consenso. En esas circunstancias, no se trata de ser inflexible por sí mismo ni de dificultar la vida a otra persona. Sin embargo, cuando hay cuestiones morales claras en juego, debemos aferrarnos firmemente a nuestros valores y a nuestro código ético.

Muchas personas no toleran el desacuerdo, la crítica o la oposición porque solo quieren ser aceptadas. Cuando otros intenten presionarte para que cedas en tus valores, debes poder decir "no me vendo", "no voy a ceder" o "debo expresar públicamente mis principios respecto a este asunto". Cuando mires atrás, como dice el refrán: "Tal vez no recuerdes las cosas por las que caíste, pero sí recordarás aquello por lo que te mantuviste en pie".

Por lo tanto, no solo debes creer e interiorizar tus valores, sino también ponerlos en práctica si han de guiar tu vida. Tómate tiempo periódicamente para evaluar si estás viviendo de acuerdo con tus valores declarados.

5. COMPARTIR TUS VALORES

Necesitas poder compartir tus valores con otros en cualquier entidad colectiva de la que formes parte, ya sea una familia, una empresa, una organización, una nación u otro grupo. Recuerda que una visión personal solo puede cumplirse en conjunto con las visiones de otros cuando comparten un propósito común. Del mismo modo, los valores corporativos solo son efectivos cuando se convierten en valores personales de todos los miembros. Cada integrante de una organización debe estar en acuerdo general con los valores corporativos.

Si estudias la vida de Jesús de Nazaret, notarás que reiteraba sus valores ante sus discípulos y ante las multitudes que iban a escucharlo. Valores sobre la vida y dignidad humanas; valores acerca de lo que Él consideraba de máxima importancia.

Así que, si eres un líder que establece una visión corporativa, deberías recordar con frecuencia qué es valioso para la comunidad y qué es valioso para ti en lo personal. No deberían ser un secreto para quienes participan. Los valores no solo deben oírse, sino también "verse", es decir, demostrarse, especialmente por ti.

CULTIVAR EL CARÁCTER PERSONAL

Hoy muchas personas carecen de un marco para evaluar la idoneidad y las consecuencias de su conducta y sus políticas. Nuestro marco de valores se convierte en la medida no solo de si haremos algo, sino también de cómo nos conduciremos al hacerlo. No importa cuáles sean nuestros valores, deben guiar nuestro comportamiento y nuestras políticas, tanto privadas como públicas. Estos son algunos pasos para construir un marco de carácter personal.

> *Nuestro marco de valores se convierte en la medida no solo de si haremos algo, sino también de cómo nos conduciremos al hacerlo.*

DESARROLLA UN CONJUNTO DE ESTÁNDARES

Nuestros estándares se derivan de nuestros valores. Después de redactar una declaración escrita de tus valores, también deberías escribir tus estándares personales o principios de vida. Poner por escrito las ideas y conductas a las que otorgas alto valor te ayudará a identificarlas y aclararlas. Además, si tus estándares están registrados por escrito, puedes guardarlos en un lugar accesible (por ejemplo, un archivo en tu computadora o una carpeta en tu escritorio) para consultarlos continuamente.

Estos son algunos ejemplos de estándares escritos que reflejan valores:

- Una persona casada que valora la institución del matrimonio podría traducir ese valor en el siguiente estándar moral: *Valoro la institución del matrimonio; por lo tanto, mi principio de vida correspondiente es que seré fiel y me mantendré fiel a mi cónyuge.*
- Un empresario que valora la honestidad podría traducir ese valor en este estándar: *Estimo la cualidad de la honestidad; por tanto, mi convicción moral es decir siempre la verdad a mis clientes y nunca cobrar de más ni facturar servicios no realizados,* o bien: *Trataré a mis empleados con justicia, pagándoles salarios justos y garantizando la seguridad de su entorno de trabajo.*
- Una persona que valora los beneficios de un cuerpo fuerte y saludable podría escribir: *Valoro tener un cuerpo fuerte que me permita vivir más, ser más productivo y disfrutar mejor de la vida. Mi convicción moral correspondiente es mantenerme en forma comiendo alimentos saludables y haciendo ejercicio regularmente, y no abusando del alcohol, las drogas u otras sustancias adictivas.*

Como alguien que ha vivido bajo la constante presión del escrutinio público, te digo que nadie establecerá tus estándares morales por ti. Debes establecerlos tú. Y luego debes mantenerte firme y estable respecto de ellos.

INTEGRA TUS PENSAMIENTOS, PALABRAS Y ACCIONES

Las palabras integrar e integridad derivan del latín *integer,* que significa "entero" o "íntegro". Por eso, una definición de integrar es "formar, coordinar o fundir algo en un todo funcional y unificado".[140] Tener carácter implica hacer un esfuerzo continuo por integrar tus pensamientos, palabras y acciones. Deberías poder declarar: "Lo que digo, lo que hago y quién soy es lo mismo". Alcanzar esa constancia requiere disciplina diaria.

Si queremos ser personas de principios, nuestra vida privada y nuestra vida pública deben ser éticamente "una sola". Esto significa

---

140. Merriam-Webster.com Dictionary, s. v. "integrate." https://www.merriam-webster.com/dictionary/integrate.

ser honestos cuando nadie nos está mirando. Cuando decimos algo en público, debemos seguir sosteniéndolo en privado. Una persona íntegra es la misma persona todo el tiempo, de día o de noche, en bonanza o en crisis. Cree lo que dice y dice lo que cree. Dice lo que hace y hace lo que dice. No hay dicotomía.

Cuando nos falta integridad, somos fingidos o "doble cara". Veamos una ilustración tomada de los orígenes del teatro. Los griegos desarrollaron el drama: al principio usaban un coro para narrar, y más tarde incorporaron a un actor que podía interpretar varios papeles usando máscaras distintas para cada rol. Curiosamente, la palabra griega para ese actor era *hypokrités*, de donde viene "hipócrita". Del mismo modo, hipocresía procede de *hypókrisis*, que significa "actuación en escena, simulación", desde *hypokrínesthai*, "representar un papel, fingir".[141] En su origen, "hipócrita" no era un término negativo; describía al actor que portaba máscaras para múltiples papeles. Con el tiempo, pasó a significar una persona de "muchos rostros", cuya identidad real no es la que aparenta.

Cansa fingir ser alguien que no eres. Es como si tuvieras varias personas dentro de ti tirando en direcciones opuestas. El carácter es quién eres; la reputación es la máscara. Debemos preguntarnos: "¿Estoy manifestando quién soy de verdad en mi trato con los demás?". Es una pregunta dura, pero necesaria. Tenemos que empezar a quitarnos las máscaras para que los demás vean quiénes somos en realidad. Luego, debemos cultivar el carácter para que otros puedan confiar plenamente en lo que decimos y hacemos.

HAZ SACRIFICIOS EN APOYO DE TUS PRINCIPIOS

Una persona de principios posee convicciones tan fuertes que está dispuesta a sacrificarse por ellas, aceptar la pérdida de popularidad, amistades, colegas, ganancias económicas e incluso éxito por su causa.

---

141. Online Etymology Dictionary. "Hypocrisy." http://www.etymonline.com/index.php?search=hypocrisy.

Creo que esta cualidad debe reintroducirse en nuestra sociedad por individuos de auténticos principios.

Mahatma Gandhi hizo sacrificios notables por su visión. Por ejemplo, realizó varias huelgas de hambre, una de las cuales llamó la atención sobre el trato injusto a las clases más pobres de la India dentro del sistema de castas, los "intocables". La gente seguirá recordando a Gandhi por generaciones debido a su disposición a sacrificarse por lo que creía.

CULTIVA UNA AUTODISCIPLINA EN CONSONANCIA CON TUS VALORES Y ESTÁNDARES

Junto con hacer sacrificios, debemos imponernos una disciplina diaria para permanecer alineados con nuestras convicciones y seguir adhiriéndonos a nuestros principios. La disciplina empieza en la mente. De nuevo, implica establecer prioridades que determinen nuestras elecciones y orienten nuestro comportamiento. La clave para ser disciplinado es fijar parámetros para tu vida en relación con tus estándares morales y tus actividades diarias, lo que aceptarás y lo que no aceptarás para ti, y en lo que participarás y en lo que no. Somos autodisciplinados cuando entendemos que hay propósitos y metas en la vida inconmensurablemente superiores a los placeres temporales, los objetivos secundarios y las distracciones cotidianas.

Cuando alguien persigue su visión sin haber establecido valores, está intentando llegar a su destino sin el componente necesario de disciplina. Por ejemplo, independientemente de lo grandioso que sea el sueño de una persona (formar una familia, levantar una iglesia, crear una empresa o construir un país), todo el proceso debe equilibrarse con valores claros y firmes que guíen su conducta. Como hemos visto, si te falta disciplina, harás corto circuito con tu destino y correrás el riesgo de perderlo por completo.

Un principio importante que recordar es que no hay "descanso" del carácter en la vida. No hay un punto en el que "hayamos llegado" y ya no tengamos que preocuparnos por valores y principios. Por lo tanto, debemos velar por nuestro carácter. Por ejemplo, es muy fácil sentir la tentación de mentir. Supón que te despidieron y conseguiste un trabajo temporal por agencia. Luego, en un evento social, conoces a un ejecutivo adinerado que te pregunta: "Entonces, ¿a qué te dedicas?". No quieres parecer inferior, así que inflas tu descripción laboral. El carácter requiere mantenimiento diario, porque cada día —y a menudo muchas veces al día— nuestro carácter será puesto a prueba.

Si te esfuerzas por hacer lo correcto, te garantizo que terminarás arriba. No te preocupes por quienes toman atajos o comprometen sus principios para avanzar. No les tengas envidia. Al final, fracasarán.

VISIÓN Y VALORES

Concluyamos este capítulo profundizando en la relación entre visión y valores. Suelo decir: "Los líderes se apoyan en algo: valores. Los líderes se plantan por algo: visión". Esta afirmación es cierta para cualquiera que persigue su propósito, porque todos somos líderes en nuestro propio don y dominio. Y, de estos dos elementos, los valores son de mayor importancia que la visión. Si no tenemos un compromiso activo con nuestros valores, estándares morales, principios, disciplina y código ético, todas nuestras iniciativas se debilitarán e incluso podrían anularse.

LA VISIÓN INTERPRETA LOS VALORES

Tu visión debería interpretar tus valores en el sentido de reflejarlos y comunicarlos. Antes hablamos de cómo alguien podría descubrir su don al reconocer que le indigna que jóvenes vivan en la calle sin sentido de propósito. La visión de esa persona podría ser ayudar a jóvenes miembros de pandillas que perjudican a su comunidad a involucrarse en actividades positivas que, en cambio, edifiquen la comunidad. Esta visión comunica que la persona valora la vida de los jóvenes y valora mejorar la calidad de vida de su comunidad.

De modo similar, la visión de una organización refleja sus valores corporativos. Por ejemplo, supón que la visión de un emprendimiento desde casa sea crear prendas exquisitamente bordadas para vender a tiendas especializadas, cuyos ingresos complementen el presupuesto familiar. Esa visión comunica que, a través de su propietaria, el negocio valora la creatividad, la calidad, el espíritu emprendedor y la estabilidad financiera.

Por lo tanto, cuando líderes en la política, religión, educación, empresa, economía, deporte y otros campos invierten su tiempo y dinero en una visión, esa visión puede usarse como medida para evaluar sus valores principales. Como dijo Jesús de Nazaret: "Porque donde esté tu tesoro, allí estará también tu corazón".

LOS VALORES ATRAEN VALORES SIMILARES

Por lo general, las personas que sostienen determinados valores se sienten atraídas por otras que comparten esos mismos valores. Llevando este punto a las relaciones personales, sabemos que las amistades se forjan entre quienes tienen intereses y preferencias similares.

Mis amigos cercanos y mis colaboradores comparten mis valores. Como dije antes, hay otras personas con las que no puedo asociarme. Mis experiencias con ellas han demostrado que no valoran lo que yo valoro; de hecho, a veces valoran cosas que considero perjudiciales. Eso no significa que las ignore adrede. Pero, como líder, debo proteger mi carácter, y un vínculo estrecho con ellas no solo sería éticamente insano para mí, sino que también podría dar la impresión a otros de que apoyo sus valores.

Los valores son tan importantes que deberían ser la base de nuestras asociaciones clave. Lo mismo aplica a las relaciones corporativas; por ejemplo, empresas que hacen negocios entre sí y gobiernos que firman acuerdos y tratados con otros países o apoyan distintas causas internacionales. Al considerar una asociación, deberíamos preguntarnos: "¿Qué valores explícitos o implícitos están involucrados en esta decisión? ¿Qué alianzas vinculantes estoy estableciendo?"

LA VISIÓN ESTÁ PROTEGIDA POR LOS VALORES

Tu visión es tan segura como los valores que la sostienen. Si aprecias una gran visión pero no valoras los principios que te permitirían realizarla, más te vale no perseguir esa visión. Debe existir un matrimonio entre propósito y principios. Tienes que conocer tu propósito, pero debes vivir según tus principios. En este sentido, la visión puede compararse con la cabeza y los valores con el corazón. Conviene seguir el consejo de un proverbio antiguo: *Por sobre todas las cosas cuida tu corazón, porque de él mana la vida.*[142]

Se dice que "el proceso es tan importante como el producto", y esto es especialmente cierto al cumplir una visión. Años atrás, mi organización decidió construir un edificio grande llamado Diplomat Center. Yo visualizaba cómo se usaría para enseñar a las personas sobre su propósito como líderes. Estaba entusiasmado, concentrado en asegurar el terreno, recaudar fondos y trabajar largas horas para verlo realizado. Sin embargo, un día sentí que Dios me decía: "No estoy complacido contigo". Me quedé confundido y pregunté: "¿De qué hablas? Estoy haciendo Tu voluntad. Tú me dijiste que construyera el edificio". Él dijo: "No estás guiando a la gente; la estás empujando". Me dolió darme cuenta de que había estado empujando a quienes participaban en la visión, en lugar de inspirarlos.

Luego sentí que Dios decía: "Tienes pasión, y la pasión es buena, pero te falta compasión. Detén todo. Quiero que recuperes el equilibrio". Profundamente convencido, me tomé un breve tiempo de soledad para recuperar el equilibrio entre mi pasión y mi compasión. La gente de mi organización debía amar este proyecto, no solo soportarlo. Así que, tras reflexionar, tuve que ir y pedirles perdón públicamente por quebrar la ley de la compasión. Les expliqué que a partir de ese momento trabajaríamos juntos. Mi confesión cambió el espíritu de toda la organización. Las personas donaron más para el proyecto y también ofrecieron su tiempo y sus habilidades para verlo concluido.

---

142. Proverbios 4:23.

El asunto ético que tuve que enfrentar fue que yo defendía algo —la idea de cómo el nuevo edificio apoyaría la visión de la organización—, pero no me estaba apoyando en los valores necesarios para el proceso de llevarla a cabo. De nuevo: tener carácter no es solo descubrir para qué naciste y perseguir tu visión; es perseguirla de un modo que corresponda a principios éticos.

Por eso, tanto líderes individuales como organizaciones deberían protegerse de brechas éticas estableciendo valores sólidos. La junta directiva de una organización debería decidir qué políticas avalará y cuáles no. Una empresa debería determinar qué estándares no comprometerá. Una familia debería decidir qué contenidos de medios permitirá y cuáles no en casa. Una entidad que no ha establecido valores carece de protección moral. Es como una ciudad sin murallas en la antigüedad, expuesta a un ataque mortal de ejércitos enemigos.

Uno de mis amigos cercanos es el distinguido Dr. Richard Demeritte Jr. Nos conocimos años atrás cuando él era embajador de las Bahamas en Inglaterra. También fue embajador ante la Unión Europea. En una conversación me compartió un valor heredado de su padre: "En caso de duda, haz lo correcto". Es un consejo ético valiosísimo y fácil de recordar. Cuando te enfrentes a una elección moral, haz lo correcto. Una persona de carácter debería vivir siempre de esa manera.

PARTE CINCO

LA INFLUENCIA DEL ÉXITO

19

EL ÉXITO CONDUCE A LA INFLUENCIA

"Intenta no volverte un hombre de éxito sino,
más bien, un hombre de valor. Hoy se considera exitoso a quien
saca más de la vida de lo que pone en ella.
Pero un hombre de valor dará más de lo que recibe".
—Albert Einstein[143]

Una de las razones por las que nos enfocamos en el éxito es que, de forma natural, el éxito nos brinda influencia sobre otras personas. Así como naciste para tener éxito en un ámbito de la vida, naciste para ejercer influencia en ese ámbito, e incluso más allá. En el camino del éxito te convertirás en una persona que inspira e impacta a otros. Estabas destinado a influir en tu familia, comunidad, empresa, gobierno y más, de maneras beneficiosas.

143. A. Einstein, *Death of a genius. LIFE*, 64. (2 de mayo de 1955). https://books.google.com/books?id=dlYEAAAAMBAJ&q=%22man+of+value%22#v=snippet&q=%22man%20of%20value%22&.

REQUISITOS PREVIOS DE LA INFLUENCIA

TENER ÉXITO

Muchas personas no ejercen ninguna influencia y por esa razón están indebidamente influenciadas por otras. Como escribí antes, si no tenemos un sentido de nuestro propósito personal y de nuestro don, otras personas controlarán nuestro futuro y nuestro destino. Decidirán por nosotros, dictando qué tipo de vida tendremos y, en ese sentido, controlarán nuestro valor. ¡Qué tragedia! En cambio, quienes descubren y entienden quiénes son y cuál es el propósito de su vida influirán en sus entornos más de lo que sus entornos los influyen a ellos.

Nunca tendrás influencia hasta que tengas éxito, y nunca tendrás éxito hasta que tengas influencia. Ambos están conectados. Una vez más, nuestra meta debe ser enfocarnos en cumplir nuestro propósito, lo que nos llevará a tener éxito en el ámbito de nuestro don. Luego, cuando nuestro éxito nos dé influencia, debemos usar esa influencia para el bien de diversas maneras a medida que nuestro éxito aumenta.

Considera el ejemplo de Jesús de Nazaret. Tuvo éxito antes de ser influyente. Jesús creció en una aldea pequeña. Arqueólogos han excavado el área donde se ubicaba la Nazaret original. Con base en los resultados de esas excavaciones, Nazaret se ha descrito como "un caserío apartado de alrededor de 50 casas en un terreno de unas cuatro acres.... Evidentemente estaba habitado por judíos de recursos modestos".[144] Nazaret era realmente un asentamiento pequeño, humilde y sin mucha influencia en el mundo circundante.

Cuando Natanael, quien llegó a ser discípulo de Jesús, oyó inicialmente que Jesús era de ese pueblo, dijo: *¡De Nazaret! ¿Acaso de allí puede salir algo bueno?*[145] Más tarde, cuando Jesús vivía en la ciudad de Capernaúm, la gente decía: *¿Acaso no es este Jesús, el hijo de José? ¿No conocemos a su padre y a su madre? ¿Cómo es que sale diciendo: "Yo bajé del*

---

144. D. Hadid, *First Jesus-era house found in Nazareth*. *NBC News*. (21 de diciembre 2009). https://www.nbcnews.com/id/wbna34511072.
145. Juan 1:46.

cielo"?[146] En esencia, estaban diciendo: "¿Quién te crees que eres?". Solo se fijaban en el lugar y la familia de los que Jesús procedía; no entendían Su propósito, que trascendía esos elementos.

Cuando Jesús estaba por iniciar Su ministerio, sabía que para cumplir Su propósito debía tener éxito en algo que le diera influencia. ¿Qué hizo entonces? Salió a buscar un problema ...y lo encontró. Como escribí antes, el éxito a menudo comienza cuando identificamos un problema que resolver. ¿Cuál fue el problema que encontró Jesús? Tres jóvenes pescadores sentados en la playa con una barca vacía. Eran profesionales, pero no habían pescado nada y no sabían qué hacer. Así que Jesús abordó su problema usando uno de Sus dones.

¿Cuál era ese don? El don de ejercer dominio sobre la tierra. Les dijo a los pescadores que volvieran al agua e intentaran de nuevo. Esta vez pescaron tantos peces que sus barcas estaban a punto de hundirse. Había resuelto su problema. ¿Qué pasó después? *Llevaron las barcas a tierra y, dejándolo todo, lo siguieron.*[147] Eso es influencia.

En otra ocasión, Jesús volvió a usar Su don de dominio para calmar una violenta tormenta en el mar. Después de esto, Sus discípulos (incluidos los pescadores cuyo problema había resuelto antes), le dijeron: *¿Quién es este hombre? ¡Hasta el viento y las olas lo obedecen!*[148] En otras palabras, Jesús se había distinguido de los demás hombres. La gente pensaba que era un hombre común hasta que empezó a ejercer Sus dones. Este es otro ejemplo de cómo el éxito comienza por ser distinto de los demás. De inmediato, Jesús se volvió famoso, fue celebrado. No es de extrañar que los pescadores estuvieran dispuestos a soltar sus redes, dejar su negocio y unirse a Él.

Jesús tuvo éxito al ejercer Sus dones de diversas maneras, volviéndose influyente. De pronto, la gente Lo escuchaba. Multitudes comenzaron a buscarlo. Muchos incluso llegaron al punto de decir: "Te seguiremos". Tu influencia se manifiesta cuando otras personas cambian sus

---

146. Juan 6:42.
147. Lucas 5:11 (véanse también los versículos 1-10).
148. Mateo 8:27 (NTV, véanse también los versículos 23-26).

prioridades por las tuyas. En este sentido, la influencia puede definirse como la capacidad de lograr que otras personas te escuchen o te sigan. Cuando ejercitas tu don, la gente preguntará: "¿Qué clase de persona eres? Resolviste un problema que no podíamos resolver. Usaste un don que no sabíamos que tenías".

En otro ejemplo, David era un pastor desconocido, sin influencia en el mundo, y aun así se volvió influyente en toda la nación de Israel. ¿Cómo? Tuvo éxito al resolver un problema que la nación no podía resolver. Mató al gigante que amenazaba al ejército de Israel y, por lo tanto, ponía en peligro a todo el país. Un muchacho derribó a un gigante y, en un solo día, se convirtió en héroe nacional, adquiriendo de inmediato preeminencia.[149] Con el tiempo, David llegó a ser rey de su nación. Eso es influencia.

> *La influencia puede definirse como la capacidad de lograr que otras personas te escuchen o te sigan.*

TENER RIQUEZA Y SABIDURÍA

Así, el éxito en sí mismo es una clave mayor para tener influencia. Una segunda clave, relacionada con la primera, es la riqueza o prosperidad. Las personas ricas tienen influencia. Si fracasamos, es mucho menos probable que la gente nos escuche (aunque el ensayo y error y los tropiezos suelen ser parte del proceso del éxito). Si estamos sin un centavo, la gente normalmente no nos toma como ejemplo ni busca conversar con nosotros.

No hay nada malo en obtener riqueza en sí misma, aunque, como indiqué antes, a muchos se les ha enseñado a pensar que sí lo hay. El problema no es la riqueza, sino cómo algunas personas la obtienen y la

149. Véase 1 Samuel 17:1–18:6.

actitud que tienen hacia ella. Por eso prefiero definir la riqueza con un criterio: riqueza honesta. La riqueza honesta te vuelve influyente.

Recuerda que Moisés hizo esta afirmación al pueblo que lideraba: *Recuerda al Señor tu Dios, porque es él quien te da el poder para producir esa riqueza.*[150] Es importante notar que las exhortaciones bíblicas sobre el dinero, incluida la declaración de Pablo de Tarso —*Porque el amor al dinero es la raíz de todos los males*—,[151] no advierten contra poseer dinero o riqueza, sino contra permitir que el dinero o la riqueza nos posean. Amar el dinero a expensas de la dignidad, el valor y el bienestar de otros es un abuso de nuestra capacidad para obtener riqueza. El poder, la autoridad, el cargo, el dinero, etc., están destinados a ser herramientas para lograr un propósito noble, no para servir fines egoístas o deshonrosos.

Según el primer libro escrito por Moisés, Dios le dijo a Abraham, padre de los israelitas, en esencia: "Voy a bendecirte y hacerte una bendición". Abraham llegó a ser el hombre más rico de su región. ¿Por qué querría Dios hacerlo rico? Para darle influencia. Abraham estaba muy cómodo con el poder que tenía. No era orgulloso respecto a él, sino agradecido y lo manejaba con responsabilidad. Tenía influencia con otros, y atribuía esa influencia a Dios.[152]

Vemos que hay distintas maneras de llegar a ser influyente. El rey Salomón, hijo de David, nunca mató a un gigante. De hecho, no hay registro en la Biblia de que Salomón haya ido a la guerra. No era un combatiente, pero heredó riqueza y aumentó sus bienes. También tenía un don que atraía a la gente: sabiduría extraordinaria.

Salomón se convirtió en el rey más influyente en la historia de Israel, y otros gobernantes de la tierra viajaban desde lejos para tener audiencia con él. Una de ellos fue la reina de Saba. Ella había oído acerca de la riqueza y la sabiduría de Salomón y vino a verlas por sí misma. Creo que la sabiduría y la riqueza siempre van juntas. Por eso pienso que Salomón no pidió a Dios riqueza. Pidió sabiduría, que siempre atrae riqueza.[153]

---

150. Deuteronomio 8:18.
151. 1 Timoteo 6:10.
152. Véase, por ejemplo, Génesis 12:1-3; 13.
153. Véase 1 Reyes 3:5-15; 10:1-13, 23-24.

Nuestro alcance de influencia se basa, en realidad, en el nivel de éxito que tenemos. LeBron James es uno de los mejores jugadores de baloncesto del mundo. Era simplemente un joven de Akron, Ohio, criado por una madre soltera que se esforzaba por llegar a fin de mes, pero su éxito en el deporte lo hace una celebridad, alguien a quien la mayoría de las personas celebra, y por ello consideran a ese individuo como una persona influyente. El éxito profesional de LeBron James en la cancha le da influencia en muchas otras áreas de la vida también. Hay un principio importante aquí: si llegamos a ser exitosos e influyentes en un área, a menudo nos volvemos influyentes en otras áreas también.

Por lo tanto, siempre debemos considerar el componente de influencia cuando hablemos de éxito. Y así como hemos aprendido a no "intentar" ser exitosos —porque el éxito es un subproducto natural de ejercer nuestro don y aplicar las leyes y principios de la vida—, tampoco deberíamos "intentar" ser influyentes. No funciona así. De nuevo, necesitamos enfocarnos en desarrollar nuestro don en nuestro dominio, mientras seguimos los principios de Dios y le pedimos que nos dé sabiduría para obtener riqueza. Al hacer esto, de manera natural ganaremos y podremos ejercer influencia.

LA NATURALEZA DE LA INFLUENCIA

Para entender mejor la naturaleza de la influencia, es útil revisar algunas definiciones adicionales de este concepto. La idea general que señalamos antes fue: "La influencia es la capacidad de lograr que otras personas te escuchen o te sigan". Profundicemos un poco más en esta idea.

LA DIFERENCIA ENTRE INFLUENCIA Y DOMINACIÓN

Si lo piensas, todos ya ejercemos cierta influencia, sea positiva o negativa. Cuando tienes un hijo al que criar, ejerces influencia. Cuando sabes más de un tema que otros y estás en posición de enseñarlo, ejerces influencia. Cuando te colocan en una posición de responsabilidad sobre tus pares, ejerces influencia. Además, todas las personas desean de manera natural influir en el mundo que las rodea. Todo el mundo está en el "juego" de la influencia de una manera u otra, ya sea un vendedor tratando de influir a un cliente potencial, un niño a su padre, o un joven a una joven.

Todos desean influencia; sin embargo, a menudo hemos confundido influencia con dominación. Hay muchas personas, del pasado y del presente que han inclinado a otros mediante amenazas y violencia, pero a eso no lo llamamos verdadera influencia. Lo llamamos manipulación, opresión o dictadura. Nerón, Hitler e Idi Amín fueron influyentes. Impusieron su voluntad sobre la gente, pero no fueron líderes en el verdadero sentido. La influencia del liderazgo es un instrumento poderoso, y siempre debemos ser conscientes de su potencial para traer bien o daño a otros.

Según el diseño original del Creador, no se supone que dominemos a otras personas, se supone que tengamos dominio sobre la tierra y sus recursos. Si no entendemos esta distinción, manipularemos y abusaremos de otros y frustraremos la expresión de su propio propósito y don dados por Dios. La verdadera naturaleza del éxito es que otras personas se sientan atraídas por tu don, que se despliega en su servicio. Así que ejercer la influencia adecuada significa inspirar a otros mediante el don que se nos ha dado.

De nuevo, cuando encuentras tu don único o talento especial y te comprometes a ponerlo al servicio de la humanidad, tu relevancia hará que la gente te busque. Te convertirás en una influencia ejerciendo tu don y no mediante la manipulación. Y, como indiqué en un capítulo anterior, cuanto más te conviertas en una persona cuyo don es valorado, mayor será tu influencia.

Me invitaron a Las Vegas a hablarle a un grupo de doce personas que, en conjunto, controlan más de 100 mil millones de dólares. Ese día fui su maestro de 8 a. m. a 4 p. m. Este es el tipo de persona al que estoy influyendo simplemente por perseguir mi propósito y ejercer mi don. Tú también puedes tener gran influencia si sigues las leyes y los principios que he aprendido y expuesto en este libro. Otra vez, no solo por tu propio bien, sino para poner tu don al servicio del mundo. Como dije antes, un árbol que da fruto no se come su propia cosecha; esa cosecha está destinada a compartirse para el bien de los demás.

¿QUÉ ES LA INFLUENCIA?

Durante más de treinta años me he dedicado al estudio del liderazgo. Tras miles de horas de estudio e investigación y de leer cientos de libros sobre el tema, decidí elaborar mi propia definición integral de liderazgo tal como lo he llegado a comprender. Esta definición incorpora los ingredientes y componentes principales que, a mi juicio, dan a luz y sostienen el liderazgo verdadero. Puede aplicarla cualquiera que desee descubrir y liberar el don que hay en su interior, con el potencial de liderazgo correspondiente:

> El liderazgo es la capacidad de *influir* en otros por medio de la *inspiración* motivada por una *pasión,* generada por una *visión,* producida por una *convicción,* encendida por un *propósito.*

La mejor manera de abordar esta definición y apreciar su aplicación práctica es comenzar el proceso por el final de la declaración. Como quizás habrás imaginado, el proceso inicia con el descubrimiento personal de un propósito que, cuando se capta, enciende una convicción. Esa convicción genera una visión en el corazón que despierta una pasión. La fuerza de la búsqueda apasionada de esa visión inspira a otros, quienes se sienten movidos a participar y cooperar con ella. A este efecto final lo llamamos "influencia".

La forma más pura de liderazgo es la influencia mediante la inspiración. Considero la inspiración como el depósito divino de destino en el corazón de una persona. Si la inspiración es la clave de la influencia y, por tanto, la fuente del liderazgo, ¿cómo inspiramos a otros? ¿Cuál es la fuente de la inspiración? En términos sencillos, la fuente es la pasión. Este componente es el corazón de la influencia y genera nuestra energía y resiliencia. Como mencioné antes, la pasión nace de una revelación de hacia dónde vamos en la vida. Cuando una persona descubre un sentido de propósito, surge una pasión por perseguirlo, y esa pasión es lo que inspira a otros a unirse a la búsqueda. Entonces, al inspirarse las personas, su manera de pensar y su vida quedan naturalmente influenciadas. La inspiración es una invitación a perseguir algo más alto y mejor de lo que hemos tenido antes (cambiar el *statu quo*, crear algo nuevo, encontrar una solución a un problema) y, en el proceso, adquirir un sentido de significado y trascendencia para nuestra vida.

Quienes ejercen una influencia positiva no intentan "demostrarse" ante los demás. Les preocupa más "manifestarse", es decir, revelar el propósito que nacieron para cumplir. En resumen, la esencia de la influencia del liderazgo es la habilidad de motivar a otros a actuar y producir cambio, y no puedes influir si no inspiras. No puedes inspirar si no tienes pasión, y no tendrás pasión a menos que estés convencido de tu propósito, tus convicciones y tu visión.

La inspiración es una invitación a perseguir algo más alto y mejor de lo que hemos tenido antes (cambiar el statu quo, crear algo nuevo, encontrar una solución a un problema) y, en el proceso, adquirir un sentido de significado y trascendencia para nuestra vida.

EL IMPACTO DE LA INFLUENCIA

La influencia que ejercemos puede impactar la vida de otras personas de maneras significativas. Veamos algunas de esas maneras.

MENTALIDAD

A través de la influencia podemos transformar la perspectiva de las personas hasta el punto de que su manera de ver las cosas sea completamente distinta de como pensaban antes. Por ejemplo, alguien podría usar habilidades retóricas para convencer a la gente de que lo que creían que era bueno en realidad es malo, y viceversa, alterando sus valores y su conducta. Tal influencia es un poder enorme que debemos reconocer y disciplinar en nuestra propia vida, asegurándonos de no abusar de él, especialmente porque un cambio de mentalidad casi siempre conduce a un cambio de comportamiento.

En la obra *Julio César* de Shakespeare, después de que Bruto y sus compañeros conspiradores matan a César, creyéndolo un tirano, el personaje de Marco Antonio usa sus dotes de comunicación para volcar a la multitud de la admiración por Bruto a un deseo encendido de matarlo a él y a sus cómplices. Siempre debemos sopesar las consecuencias de lo que oímos y recibimos de otros, incluidos nuestros líderes.

En contraste, una perspectiva iluminada es un regalo que podemos dar a otras personas. Por ejemplo, cuando Harriet Beecher Stowe escribió la novela *La cabaña del tío Tom*, cambió la mentalidad de decenas de miles de personas que habían sido neutrales o favorables a la institución de la esclavitud en Estados Unidos. Al poner un rostro personal al tema, mostró que los esclavos eran personas y no "propiedad", de modo que muchos ciudadanos empezaron a apoyar los esfuerzos para abolir la esclavitud.

CARACTERÍSTICAS Y ACTITUDES

Alguien en posición de influencia que carece de convicción puede transferir su complacencia o timidez a quienes le siguen. Hay un relato en uno de los libros de Moisés en el que él envió a doce espías a explorar la tierra prometida y a sus habitantes para preparar a Israel a entrar en ella. Cuando regresaron, diez expresaron su temor, declarando que jamás podrían vencerlos: *Comparados con ellos, parecíamos langostas y así nos veían ellos a nosotros.*[154] Dos insistieron en que aun así serían victoriosos, pero el pueblo murmuró y adoptó la perspectiva de los diez temerosos y se sintieron como "langostas" a sus propios ojos. Como resultado, la victoria se retrasó cuarenta años, casi dos generaciones. El

154. Números 13:33.

pueblo perdió, en gran medida porque se dejó influir por la mentalidad temerosa de otros.

En contraste, cuando alguien posee convicciones profundas, puede transferirlas a otras personas. Por ejemplo, puede avivar a los temerosos para que tomen acciones valientes y necesarias en medio de una crisis. Winston Churchill, mediante sus poderosos discursos, impulsó al pueblo inglés a seguir resistiendo a la Alemania nazi tras la caída de Francia. En uno de esos discursos, declaró célebremente: "La batalla de Francia ha terminado. Espero que esté a punto de comenzar la batalla de Gran Bretaña... Por lo tanto, preparémonos para nuestros deberes y comportémonos de tal manera que si el Imperio Británico y su Commonwealth duran mil años, los hombres aún digan: 'Ésta fue su hora más gloriosa'".[155] Churchill influyó en los ciudadanos de su nación para mantener el valor y la resiliencia bajo circunstancias de prueba extrema.

MORALIDAD

La ética de alguien con influencia puede impactar a quienes lo admiran y siguen. Esto puede suceder porque las personas acepten los valores y políticas corporativas que el individuo impulsa como líder de un grupo u organización, o porque imiten (o toleren) su conducta. Si un líder es un alto funcionario sobre una nación, su moral puede impregnar toda una cultura. Quizás vienes de un país donde los líderes tienen grandes dones, se comunican bien y dominan varias técnicas de liderazgo, pero carecen de convicciones éticas. Muchos líderes no asumen responsabilidad por sus actos. Sienten que no deberían experimentar consecuencias cuando traicionan la confianza de sus representados, ya sean sus empleados, su familia o el público. Tales actitudes y comportamientos no pasan desapercibidos; así, muchos pueden empezar a pensar: "Él es un líder, hizo tal o cual cosa y no le pasó nada, yo también puedo hacerlo".

---

155. W. S. Churchill, *Never give in!: The best of Winston Churchill's speeches*, (Hyperion, 2003), p. 229.

Por eso es esencial que quienes están en posiciones de influencia reconozcan y evalúen los valores que hoy sostienen, y establezcan o restablezcan principios éticos sobre los que comprometerse a permanecer firmes, como vimos en la sección anterior de este libro.

COMPROMISO

Como señalamos, cuando alguien tiene convicciones firmes sobre algo, su pasión por ello se vuelve contagiosa entre otras personas que entonces se comprometen con la visión de esa persona. El compromiso de un individuo puede transferirse a suficientes personas hasta que su convicción personal se convierta, con el tiempo, en un movimiento nacional. Sus principios pueden iniciar un proceso de reforma irresistible. La visión de Martin Luther King Jr. le dio una pasión que inspiró e influyó a "personas comunes" (como amas de casa, carpinteros, albañiles, maestros y líderes religiosos) para marchar en protesta no violenta contra la negativa de ciertos estados de Estados Unidos a reconocer y permitir el derecho al voto de las personas negras. Varios de ellos se enfrentaron personalmente a la resistencia de policías armados con porras, perros, mangueras de agua y gas lacrimógeno. ¿Por qué alguien se arriesgaría voluntariamente a ser golpeado con una porra o asfixiado por gas lacrimógeno? ¿Qué clase de hombre influiría en la gente hasta el punto de hacer eso? Alguien con compromiso y convicción genuinos.

Si intentas evadir un problema o una consecuencia, la gente no te seguirá. Pero si lo afrontas y permaneces constante en tus convicciones, otros se unirán a ti.

DESTINO

Una persona influyente que carece de carácter puede condenar a quienes la siguen a un destino atroz. En la década de 1970, el líder de secta Jim Jones convenció a personas para que dejaran a sus seres queridos y vivieran con él en las selvas de Guyana. Varios años después, condujo a 909 de sus seguidores a la muerte induciéndolos a beber cianuro, luego él mismo se pegó un tiro.

En contraste, la influencia de alguien que tiene convicciones puede conducir a las personas a un destino positivo al que quizás no habrían llegado de otro modo. El dramaturgo y disidente checo Václav Havel, que durante mucho tiempo denunció los elementos deshumanizantes del comunismo, ayudó a precipitar la Revolución de Terciopelo no violenta en Checoslovaquia en 1989, que condujo efectivamente al fin del régimen comunista allí. Havel y otros disidentes formaron el Foro Cívico para planificar el desmantelamiento del comunismo en su país. Timothy Garton Ash, historiador que fue testigo del foro, dijo: "Fue extraordinario el grado en que todo, en última instancia, giraba en torno a este hombre... En casi todas las decisiones y declaraciones principales del foro, él era el árbitro final, la única persona que, de algún modo, podía equilibrar las tendencias e intereses tan distintos del movimiento".[156] Havel se convirtió en el último presidente de Checoslovaquia y el primer presidente de una nueva República Checa.

Así, el impacto de la influencia puede ser variado y penetrante. En el capítulo 20 exploraremos cómo puedes usar la influencia que proviene del éxito de una manera inspiradora y honorable para traer un cambio positivo al mundo.

---

156. D. Bilefsky, & J. Perlez, *Vaclav Havel, former Czech president, dies at 75. The New York Times* (18 de diciembre de 2011). http://www.nytimes.com/2011/12/19/world/europe/vaclav-havel-dissident-playwright-who-led-czechoslovakia-dead-at-75.html.

20

TRANSFORMACIÓN A TRAVÉS DE LA INFLUENCIA

"Los individuos más felices son quienes más hacen para que otros sean útiles y felices".
—Booker T. Washington[157]

Uno de mis objetivos al escribir sobre el éxito y la influencia es animarte a que estés dispuesto a convertirte en parte de la respuesta a los desafíos que enfrentan tu comunidad y tu nación. Mi deseo es que salgas al mundo y contribuyas a su transformación, duplicando en la vida de otros lo que has aprendido acerca de cómo descubrir el propósito y el don inherentes y de cómo vivir conforme a las leyes y principios de la vida. Es fácil criticar y quejarnos del estado del mundo. Que terminen nuestros días de queja para que podamos convertirnos en una solución a los problemas que enfrentamos, trabajando para corregir lo que está mal.

157. B. T. Washington, *Up from slavery* (Dover Publications, 1995), p. 35.

Muchas naciones del mundo están luchando, y nuestros sistemas globales están en constante cambio y en urgente necesidad de ayuda. En todo el planeta hemos visto cambios turbulentos como los siguientes: confusión política, crisis económica, reinvención ideológica, confusión filosófica, manipulación moral, vacilación de valores, conflicto religioso, terrorismo internacional, estados fallidos. La caída y la deshonra de líderes políticos, cívicos y religiosos. Este es el tipo de mundo en el que vivimos. Tenemos que aprender a adaptarnos a estos cambios, pero no a adoptarlos.

Cuando consideramos la condición del mundo y las muchas necesidades que tienen las personas, debemos recordar que aquello que toleramos no podemos criticarlo. Aquello que evitamos no podemos cambiarlo. Aquello que permitimos nos hace responsables. Si no nos involucramos en atender las necesidades que nos rodean, tenemos que guardar silencio sobre ellas.

Seamos gente de iniciativa. Para tomar iniciativa, debemos estudiar, reflexionar y discernir el entorno en el que vivimos, descubriendo cómo aplicar de manera efectiva los principios dadores de vida del Creador. Si has estado orando por la situación del mundo, debes convertirte en parte de la respuesta a tu propia oración.

TRANSFORMAR EL ENTORNO

La pasión número uno de Dios es manifestar la influencia del reino de los cielos y su cultura en la tierra. La cultura tiene que ver con el entorno en el que algo se desarrolla. Cultivar algo significa hacerlo crecer en un ambiente creado.[158] El plan de Dios es crear en la tierra el ambiente del cielo, dentro del cual todo en la tierra está destinado a crecer. Por eso la primera palabra que el Creador usó para el entorno de Adán fue la palabra Edén: "Dios el Señor plantó un jardín al oriente del Edén y allí puso al hombre que había formado".[159]

---

158. Merriam-Webster.com Dictionary. s. v. "culture". https://www.merriam-webster.com/dictionary/culture.
159. Génesis 2:8.

En mi opinión, el Edén no es un lugar. Dios "plantó un jardín". Eso no significa que Dios plantó árboles. La palabra hebrea traducida como "plantó" también puede significar "estableció". Así que "plantó" sugiere algo organizado, y "jardín" indica estructura u orden.[160] Dios creó un entorno de orden y luego puso allí a los seres humanos. En esencia, les dijo: "Multipliquen esto por todo el planeta hasta que toda la tierra se vuelva como este lugar, este ambiente".[161]

Alguien ha dicho: "Si quieres algo en tu vida que nunca has tenido, tendrás que hacer algo que nunca has hecho".[162] Para participar en la transformación, tienes que dar un salto y dejar atrás a quienes no quieren cambiar el mundo, a quienes solo desean permanecer en un lugar seguro para sí mismos. Tienes que ir al territorio desconocido de la influencia.

Para participar en la transformación, tienes que dar un salto y dejar atrás a quienes no quieren cambiar el mundo, a quienes solo desean permanecer en un lugar seguro para sí mismos.

INFLUENCIA, NO IMPOSICIÓN

¿Cómo podemos marcar una diferencia en nuestro entorno? Lo primero que debemos entender es que el mundo que describí arriba no puede sanarse a sí mismo, porque la solución a los problemas de la tierra no se encuentra en la tierra. Quienes tienen una solución de otro lugar —el reino de Dios, con sus leyes y principios— son valiosos. Eso te hace valioso, porque te has reconectado con ese otro lugar. Tienes acceso a recursos que mucha gente en la tierra no tiene.

160. Lexical Summary. "5193. Nata". *Bible Hub*. https://biblehub.com/hebrew/5193.htm.
161. Ver Génesis 1:27-28.
162. Atribuido a J. D. Houston.

En medio del tumulto del mundo, nuestra meta —una vez más— es la influencia y no la dominación ni la imposición. La cultura de la naturaleza de Dios no corresponde a las ideas destructivas que han surgido de la naturaleza humana caída, y tales ideas están dominando hoy nuestras naciones. Harán falta personas de principios para producir transformación y no simplemente quedar absorbidas por el sistema existente.

Una vez más, no naciste solo para ganarte la vida, sino para hacer una diferencia. Si te involucras en hacer una diferencia, Dios se encargará de que te ganes la vida. Así que empieza a trabajar por el cambio en tu entorno. Ponte en movimiento. Que tu éxito sea el vehículo mediante el cual te conviertas en una influencia para bien en el mundo que te rodea.

PRINCIPIOS DE LA INFLUENCIA

A medida que vivas las leyes del éxito y crezcas en influencia, ten presentes estos principios para obtenerla, ejercerla y conservarla con eficacia:

EMPLEA EL LENGUAJE DE TU DOMINIO

También podríamos llamar a este punto "Habla el idioma de la gente". Sea cual sea el ámbito de tu don, ahí es donde debes empezar a ejercer una influencia positiva. Y eso significa que tienes que conocer el lenguaje de ese entorno en particular e identificarte con sus intereses. Cada campo o profesión (como el derecho, la política, los negocios, la manufactura, la educación, la medicina, el entretenimiento y la tecnología) tiene su propio lenguaje. No puedes entrar en cualquier campo y esperar tener éxito e influir en él si no estás familiarizado con su idioma.

Yo sigo estudiando el lenguaje de la mayor cantidad de áreas posible porque sé que puedo encontrarme interactuando con personas de ese entorno. Tomo como ejemplo a Pablo de Tarso, que dijo: *Me hice todo para todos, a fin de salvar a algunos por todos los medios posibles.*[163] Aprendió el idioma y la cultura de la gente para poder relacionarse

163. 1 Corintios 9:22.

con ellos, y ellos con él. Si lees las enseñanzas de Jesús, te sorprenderá cuánto habla de aves, semillas, árboles, campos, flores, serpientes, ovejas y así sucesivamente. ¿Por qué lo hacía? Porque la audiencia original a la que hablaba vivía en una cultura agrícola. Habló su idioma.

Así, para ayudar a producir cambio mediante una influencia positiva debes transmitir el mensaje del reino de Dios, con sus leyes y principios de éxito, a quienes están en tu campo o en el ámbito de la vida en el que operas. Sin embargo, debes comunicarlo de manera que la gente pueda relacionarse y entenderlo, usando ejemplos de su propio dominio, así como de la vida cotidiana y de la experiencia del mundo en general.

USA SABIDURÍA

Salomón escribió: *El fruto del justo es árbol de vida; y el sabio salva vidas.*[164] De nuevo, ser justo simplemente significa estar alineado con las leyes de Dios. Las Escrituras llaman a Jesús "la sabiduría de Dios" y "hecho sabiduría".[165] No dicen específicamente que Jesús "tenga" sabiduría. Dios tiene sabiduría, y Jesucristo es la sabiduría de Dios en acción. ¿De qué manera envió Dios a Jesús a la tierra para salvar al mundo? Sabiamente, mediante una influencia cercana. En las Escrituras, Dios es descrito como el Todopoderoso, el Omnipotente. Pablo de Tarso llamó a Dios: *Al único y bendito Soberano, Rey de reyes y Señor de señores, al único inmortal, que vive en luz inaccesible, a quien nadie ha visto ni puede ver.*[166] Este Dios poderoso y asombroso se hizo hombre para vivir entre los seres humanos, a quienes Él había creado. Juan, uno de los discípulos más cercanos a Jesús, escribió: *Y el Verbo se hizo hombre y habitó entre nosotros. Y contemplamos su gloria, la gloria que corresponde al Hijo único del Padre, lleno de gracia y de verdad.*[167] En otras palabras, con Jesús podemos contemplar la gloria de Dios sin temor. Dios sabía que, para ganar a las personas, no podía enviar a alguien de quien la gente tuviera miedo. Su plan fue, en efecto: "Me voy a hacer como ellos. Ni siquiera reconoce-

164. Proverbios 11:30.
165. 1 Corintios 1:24, 30.
166. 1 Timoteo 6:15-16.
167. Juan 1:14.

rán quién soy hasta que tenga oportunidad de mostrarles Mi naturaleza y enseñarles las leyes y principios de Mi reino mediante influencia".

Por ejemplo, una vez Jesús se encontró con una mujer junto a un pozo y le pidió agua. Su influencia cercana en esa conversación fue tan efectiva que terminaron hablando de asuntos profundos relacionados con la conexión con el Creador; esto impactó no solo a la mujer sino también a toda su comunidad.[168] Cuando interactúes con otras personas, por muy seguro que estés de tener la razón, hazlo con influencia, no con imposición; con sabiduría, no con gritos. Recuerda que Salomón dijo: "El que es sabio salva vidas".

Jesús les dijo a sus discípulos: *Yo los envío como ovejas en medio de lobos. Por tanto, sean astutos como serpientes y sencillos como palomas.*[169] Ahí aparece de nuevo la sabiduría. Quiero que entiendas la dinámica —la sabiduría— de la influencia. Aunque puedas experimentar "choques culturales" con otros al vivir conforme a los principios del Creador y procurar compartirlos, no permitas que esos encuentros te lleven a responder con ira o con miedo hacia las personas. Usa sabiduría y sé paciente. Cuando persigas tu propósito distintivo, alcances el éxito y te conviertas en una influencia positiva, cumplirás tu parte en los propósitos de Dios para la tierra.

CONVENCE EN LUGAR DE OFENDER

Esta es un área en la que debemos ejercer sabiduría. ¡No influenciaremos a las personas a quienes les irrita estar con nosotros! Esto aplica a las relaciones personales, a los negocios, al servicio público, a todo ámbito de la vida. No se trata de qué tan fuerte hablas ni de qué tan directo eres. El objetivo es persuadir a las personas, en lugar de ofenderlas, centrándonos en principios sólidos y vivificantes, y comunicándolos.

Por ejemplo, alguien que tiene un hábito dañino no necesita que le digas que está haciendo algo mal. Probablemente ya lo sabe. Necesita

168. Ver Juan 4:1-42.
169. Mateo 10:16.

esperanza de cambio, y tú puedes llevar esa esperanza mediante la influencia.

Debemos tener cuidado en nuestras interacciones, porque una vez que ofendemos a alguien, es difícil recuperar su confianza. Salomón escribió: *Más resiste el hermano ofendido que una ciudad amurallada; los litigios son como cerrojos de una fortaleza.*[170] El término "ciudad amurallada" evidentemente se refiere a una ciudad con murallas. El resultado de la ofensa es la contienda. Las personas ofendidas pelearán contigo, discutirán, te pondrán a prueba y se resistirán. Así que procura edificar a las personas.

ENFÓCATE EN LOS VALORES DEL REINO, NO EN LAS TRADICIONES

Antes en este libro hablamos de la diferencia entre leyes y reglas, y de cómo las reglas son tradiciones humanas que restringen a las personas en lugar de guiarlas y darles libertad. Considera las maneras en que estás interactuando con la gente y piensa cuidadosamente si quizás estás promoviendo mera tradición o reglas en vez de leyes y principios que liberan. Debes aprender la diferencia. Muchas personas no quieren oír acerca de tradición. Quieren escuchar principios que funcionan, preceptos que son válidos. Quieren conocer valores y estándares que les sean beneficiosos.

IMPACTA EN LUGAR DE IMPONER

De igual manera, la meta de la influencia es el impacto y no la imposición. Mi esposa y yo viajamos a un país donde me habían invitado a hablar sobre principios de liderazgo. En ese país, es ilegal hablar de la fe en Jesús. Si lo haces, te encarcelan. Quienes me invitaron me pidieron que hablara a jueces que servían en los tribunales (¡son las personas que tienen el poder de meterte en la cárcel!). Me dijeron que querían que hiciera un seminario de un día completo con esos jueces. Así que entré a un salón de hotel lleno de jueces y les hablé sobre liderazgo.

---

170. Proverbios 18:19.

Después de eso, nuestros anfitriones nos llevaron a una planta manufacturera donde se fabricaban productos electrónicos, y me dijeron: "Aquí hay dos mil trabajadores. Queremos que los capacites, además de a cincuenta o sesenta gerentes, y luego hables con el presidente de la empresa. No puedes mencionar a Dios ni a Jesús". Yo dije: "Denme el micrófono". Cuando terminé, me invitaron de vuelta. Después de cada sesión, la gente compró todos mis libros, los que, dicho sea de paso, tenían referencias a Dios y a Jesús. Se agotaron.

Ahora bien, me habían dicho que no podía hablar de Jesús, y hablé por horas sin citar un solo pasaje de la Biblia. Simplemente hablé su idioma y enfaticé las leyes y principios del Creador. Les hablé de negocios y economía y ciencia. Hablé de gestión y de inversión. Hablé de liderazgo, y las sesiones fueron poderosas. No dejaban de decirme: "¿Dónde aprendiste esto?" o "esta información que tienes es asombrosa". Yo respondía algo como: "Tuve a un joven Rabino como mentor".

Después de regresar a casa, empecé a recibir correos electrónicos de personas que habían escuchado mis charlas y comprado mis libros, y que se habían conectado con Dios y con Jesús. Yo no les impuse mis creencias. Mis creencias salieron en mis principios, y luego las personas tomaron su propia decisión al respecto. Esa es influencia sin imposición ni dominación.

ENFÓCATE EN LAS RAZONES

Mientras conversas con otros, escucha sus razones para pensar y actuar como lo hacen. Todo ser humano en la tierra tiene una razón por la que cree lo que cree. Si ignoras su razón, no te escucharán, e incluso pueden rechazarte. Si quieres comunicar las leyes de la creación, y alguien dice: "Soy ateo", no lo ignores. Hay una razón por la que no creen en Dios y por la que creen lo que creen. Puedes preguntarles: "¿Por qué eres ateo?" y "¿cuál es la razón por la que llegaste a esa conclusión?".

Su respuesta puede dejarte boquiabierto. No tenemos idea de lo que algunas personas han pasado. Hablé con un hombre a quien, cuando era niño, su madre le dijo que Dios los amaba a ambos. Luego, cuando él tenía solo siete años, su madre fue violada y asesinada delante de él. El hombre dijo: "Le dije a Dios: 'Vete al inf...'. No hay Dios. Dios no salvó a mi madre".

Después de escuchar esto, le dije: "Veo por qué no crees en Dios. Lo entiendo". De repente, le caí bien, y nos hicimos amigos. Mantuvimos la amistad y, dos años después, él se reconectó con Dios y con Jesús.

Así que, cada vez que hables con alguien que tiene una opinión diferente a la tuya o no piensa como tú, no lo ignores ni lo rechaces; pregúntale por qué piensa como piensa e intenta comprender su punto de vista. Así es como influencias a las personas para bien.

HAZ AMIGOS, NO "CONVERTIDOS"

Jesús primero se hizo amigo de cada persona a la que influyó. Nuestra meta debe ser la misma porque, nuevamente, el éxito no se trata de vencer a alguien en una carrera ni de dominar a otros. Se trata de cumplir nuestro propósito sirviendo nuestro don al mundo y siendo una influencia positiva mientras reflejamos la naturaleza del reino de Dios en la tierra.

Puedes servir mejor a los intereses de alguien siendo su amigo. Salomón escribió: *Más confiable es el amigo que hiere que los abundantes besos del enemigo.*[171] En otras palabras, una vez que eres amigo de alguien, si lo corriges, te lo agradecerá. Si eres mi amigo, te escucharé. Si eres mi amigo, ganarás mi confianza. Me abriré a ti; de nuevo, confiaré en ti y te diré mis razones para hacer lo que hago.

Te haces amigo de las personas cuando te interesas por lo que a ellas les interesa. Mencioné antes cómo Jesús se encontró con una mujer en un pozo y le pidió un poco de agua. Él sabía que esa mujer había tenido cinco maridos y estaba herida, pero no mencionó nada de eso hasta después de que habían empezado a conversar y ella estaba lista para oír lo que Él tenía que decir.

171. Proverbios 27:6.

Debemos comprometernos con las personas porque puede llevar años que se abran a nosotros y respondan a lo que tenemos que decir. La mayoría de la gente solo busca un amigo. No confrontas a las personas a las que quieres ayudar. Las amas. Jesús dijo: *Y este es mi mandamiento: que se amen los unos a los otros como yo los he amado. Nadie tiene amor más grande que el que da la vida por sus amigos.*[172] Necesitamos trabajar en poner nuestra vida por las personas.

> *Puedes servir mejor a los intereses de alguien siendo su amigo. Salomón escribió: Más confiable es el amigo que hiere que los abundantes besos del enemigo.*

MANTÉN EL CARÁCTER PERSONAL

Una de las razones por las que destaqué el carácter en la sección anterior de este libro es que el carácter es la clave de la eficacia inspiradora. Si no mantenemos un buen carácter, ponemos en riesgo nuestra influencia. Las personas necesitan ánimo e influencias positivas para poder cumplir su propio propósito y vivir una vida pacífica y productiva. Recuerda: quienes tienen éxito sirven a los demás; no los atropellan. Por eso, debemos preguntarnos con regularidad "¿estoy, de alguna manera, traicionando la confianza de quienes han puesto su fe en mí? ¿Qué impacto estoy teniendo en quienes se ven influidos o afectados por mi comportamiento?".

CONVIÉRTETE EN UN TRANSFORMADOR

Lo anterior son principios vitales para ser una influencia positiva en la vida de otras personas. Hay muchos problemas en nuestro mundo, pero cada uno de nosotros puede empezar a marcar la diferencia comenzando en el dominio de nuestro don. Podemos construir sobre nuestro

172. Juan 15:12-13.

éxito ejerciendo nuestra oportunidad de influir para bien en otros. Al hacerlo, no seremos simples observadores del mundo. Seremos transformadores activos y comprometidos de nuestra sociedad.

CONCLUSIÓN: COMPLETAR TU PROPÓSITO

Es importante que entiendas de verdad que tu éxito es personal. Proviene de cumplir el propósito para el cual tú, como individuo, fuiste puesto en esta tierra. Proviene de completar la asignación para la que naciste. Como hemos visto, el viaje del éxito comienza cuando descubres y activas tu don inherente. Recuerda que viniste a la tierra porque estás "terminado": llegaste con todo lo que necesitas para cumplir tu propósito y tener éxito. Una vez que conoces tu don, tu capacidad para tener éxito en la vida es el resultado de las decisiones que tomas para manifestar lo que llevas dentro. Ten presente que el éxito no es una persecución, sino un resultado. No tienes que preocuparte por ser exitoso: si sirves tu don al mundo, ¡tendrás éxito!

También hemos visto cómo solo podemos llevar a cabo nuestro propósito y nuestra asignación siguiendo las leyes y los principios establecidos en la creación. Estas leyes y principios se cuentan entre los mayores descubrimientos que podemos hacer en la vida. Una vez que entiendes estas leyes, no es difícil ponerlas en práctica. Una persona que conoce y sigue las leyes y los principios siempre tendrá éxito. Así, la clave para vivir con eficacia en esta tierra es el conocimiento de las leyes, la comprensión de las leyes, la sumisión a las leyes y la aplicación de las leyes. Cuando obedeces las leyes, ellas te protegerán. Te preservarán. Te sostendrán. Al final, te promoverán. Te conducirán a tu éxito y a tu influencia en el mundo.

Recuerda también que una semilla de fruta solo tiene éxito cuando se convierte en un árbol que da fruto. Si esa semilla se convierte únicamente en árbol, aún no es exitosa. Ese árbol debe dar fruto, y el fruto debe tener también semilla en su interior. En otras palabras, si haces solo parte de lo que estabas destinado a hacer en la vida, aún no has alcanzado el éxito. Te queda más por cumplir de tu asignación. Por lo tanto, a lo largo de tu camino hacia el éxito procura completar tu propósito para que puedas decir, como hizo Pablo de Tarso cerca del final de su vida: *He peleado la buena batalla, he terminado la carrera, me he mantenido en la fe.*[173] En esencia, Pablo estaba diciendo: "No me queda nada por lograr. He hecho todo para lo cual fui enviado".

Esto nos devuelve a las cinco preguntas principales de la vida:

1. ¿Quién soy?
2. ¿De dónde vengo?
3. ¿Por qué estoy aquí?
4. ¿Qué soy capaz de hacer?
5. ¿Hacia dónde voy?

Espero que ahora estés más cerca de responder estas preguntas por ti mismo. Mi propósito ha sido equiparte con el conocimiento y los

173. 2 Timoteo 4:7.

principios prácticos necesarios para experimentar desarrollo personal para el éxito y la influencia. Pon en práctica lo que has aprendido a lo largo de este libro. Toma la decisión de convertirte en todo lo que estabas destinado a ser.

ACERCA DEL AUTOR

El Dr. Myles Munroe (1954–2014) fue un orador motivacional internacional, autor de éxitos de venta, educador, mentor de liderazgo y consultor para el gobierno y las empresas. Viajando extensamente por todo el mundo, el Dr. Munroe abordó problemas críticos que afectan la gama completa del desarrollo humano, social y espiritual. Fue un autor popular de más de cuarenta libros, incluyendo *El poder del carácter en el liderazgo, El propósito y el poder de la autoridad, Los principios y beneficios del cambio, Convertirse en un líder, El propósito y el poder del Espíritu Santo* (anteriormente titulado La Persona más importante en la Tierra), *El espíritu de liderazgo, Los principios y el poder de la visión, La comprensión del propósito y el poder de la oración, Entendiendo el propósito y el poder de las mujeres* y *Entendiendo el propósito y el poder de los hombres*. El Dr. Munroe fue el fundador y presidente de Bahamas Faith Ministries

International (BFMI), una organización multidimensional con sede en Nassau, Bahamas. Fue director ejecutivo y presidente de la junta directiva de la Asociación Internacional de Líderes del Tercer Mundo, presidente del Instituto Internacional de Capacitación para el Liderazgo, y fundador y productor ejecutivo de varios programas de radio y televisión emitidos en todo el mundo.

El legado del Dr. Myles Munroe continúa hoy a través de Munroe Global. Visite https://www.munroeglobal.com.